현명한 선택을 위한

가장 쉬운
경제학

현명한 선택을 위한
가장 쉬운 경제학

기본 상식부터 투자, 금리, 국제경제까지
생활 속 궁금했던 경제 읽기

남시훈 지음

들어가는 말

이 책은 경제학에 대한 제일 쉬운 안내서이다. 경제학을 쉽게 설명하려고 시도하는 책은 시중에 많이 나와 있지만, 대부분 여러 가지 단점을 갖고 있다. 이 책은 그러한 단점들을 극복했다고 자부한다.

이 책은 경제학을 최대한 쉽게 설명하고 있다. 사실 경제에 대한 사람들의 관심은 높으며 많은 사람이 경제 현상과 관련된 일들을 궁금해한다. 하지만 경제학이라고 하면 대단히 거창하고 어려워 보인다. 많은 사람이 경제 하면 다양한 그래프와 수식이 등장하는 어려운 교과서를 떠올릴 것이다. 수식들과 그래프들은 경제학을 좀더 논리적으로 치밀하게 설명하는 것을 도와줄 뿐 아니라 경제학을 본격적으로 공부하는 사람들에게는 매우 유용한 자료이다. 하지만 경제학을 처음 접하는 사람들, 혹은 삶의 지혜를 얻기 위한 교양으로서 경제학을 접하는 사람들에게는 이 방식은 너무 부담스럽다.

그래서 이 책에서는 수식과 그래프를 모두 배제했다. 그 대신 일상생활에서 접할 수 있는 다양한 사례와 예시를 경제학의 여러 개념과 연결시켰다. 책을 읽으면서 일상에서 접했던 일들이 경제 현상 및 경제학적인 선택과 이어진다는 것을 확인하고, 경제학이 우리 주변의 이야기들이라는 것을 잘 알게 될 것이다.

이 책은 이른바 주류경제학의 제일 중요한 내용을 충실하게 담았다. 시중에 있는 경제학 개론서들은 너무 어렵거나, 반대로 쉽게 설명하려다가 경제학의 핵심적인 내용들을 놓치는 경우가 많다. 하지만 이 책은 경제학 교과서의 구조를 그대로 따르면서도 핵심 개념을 모두 설명하고 있다. 지면이 부족해 다루지 못한 개념은 다른 장에서 조금이라도 언급하려고 했다.

이 책을 쓰면서 이념적으로 편향되지 않기 위해 노력했다. 경제학을 설명하는 교양서 중에는 지나치게 시장경제의 기능을 강조하면서 정부의 역할을 무시·배제하거나, 주류경제학은 우파들의 학문이자 가진 자들을 위한 학문이므로 부정되어야 하고 비주류경제학이 옳다고 주장하는 경우들이 있다. 이 책은 주류경제학 내용에 근거해 시장경제를 설명하면서도 경제학의 중요한 또 다른 주제인 정부의 기능 및 불평등에 대해서도 많은 부분을 할애했다.

사람마다 가치관이 다르므로 그에 따라 경제학을 다르게 이용하고 다르게 해석할 수 있다. 다른 학문에 비해 경제학이 시장주의자들의 입장을 잘 대변하는 부분은 있지만, 경제체제를 매끄럽게 운용하려면 정부의 기능도 중요하며 형평성에 대한 고민도 필요하다. 나의 가치관이 글 곳곳에 어느 정도 반영되어 있으나, 가급적 다양한 가치관을 가진 사람들이 부담 없이 읽을 수 있도록, 자신의 생각을 경제학이라는 도구를 통해 더 잘 가다듬을 수 있도록 가치중립적으로 내용을 구성하려고 했다. 다만 비주류 경제학과 관련한 내용들은 다루지 않았다. 이 책은 주류경제학을 기본으로 하고 있으며, 시장경제체제의 우수성과 경제성장의 필요성에 대해서 대다수가 공감한다는 것을 전제로 한다. 그러면서도 최근에 주류경제학에 편입된 환경경제학과 행동경제학은 일정 부분 포함했다. 행동경제학은 더 이상 주류경제학과 별개가 아니며, 행동경제학과 실험경제학은 주류경제학 내에서 활발하게 연구되고 있다.

대중서를 표방한 수많은 경제서 중에는 해당 분야의 전문가가 전문적인 식견을 바탕으로 경제학의 한 부분인 노동경제학, 보건경제학, 금융경제학, 교육경제학 등 개별 학문을 충실하게 설명하고 해설한 책들이 많이 있다. 다만 기본적인 경제 원리를 모른

채 그런 책들을 읽으면 쉽게 이해하기 어렵다. 그러니 이 책을 먼저 읽고 그 책들을 읽으면 경제학의 깊은 내용들을 좀더 쉽게 이해할 수 있을 것이다.

이 책의 구조

이 책의 구조는 대학교 경제 개론서와 고등학교 경제 교과서의 구조와 매우 유사하다. 앞부분에서 시장경제와 균형가격에 대한 이해와 정부의 역할과 기업부문을 다루고, 뒤에서 국가경제와 GDP에 대한 내용을 다룬다. 그리고 마지막에 투자와 금융에 대한 내용, 국제경제에 관한 중요한 이슈들을 다룬다.

책의 모든 내용이 중요하지만 균형가격에 대한 이해가 선행되어야 시장경제체제 및 사람들의 의사결정에 대한 기본적인 원리를 파악할 수 있으며, GDP에 대한 개념을 알고 있어야 국가경제 단위로 이루어지는 경제활동들을 이해할 수 있다. 관심 있는 부분부터 읽을 수도 있겠지만, 1장부터 순서대로 읽어나가는 것을 강하게 권한다.

명지대학교에 부임한 이래 경제학원론 강의를 맡고 있다. 학생들에게 이를 좀더 쉽게 설명하기 위해 다양한 예시를 들어가면서 강의하려고 노력했다. 그리고 네이버 프리미엄콘텐츠 측에서 연락이 와서 경제학에 대한 내용들을 정기적으로 기고하게 되었다. 또 연재했던 내용들을 묶어 책으로 내놓게 되었다. 네이버에 글을 연재할 때는 온라인 매체의 특수성을 감안해 하나의 독립된 글로서 글을 구성했지만, 책으로 묶을 때는 연결성을 고려하고 경제학 참고서로 기능하기를 바라면서 지금의 목차로 재구성했다.

이 책이 나오기까지 많은 분의 도움을 받았다. 2001년에 서울대학교 경제학부에 입학하고 2016년에 시카고대학교에서 경제학 박사과정을 마치기까지 많은 교수님과 선후배 및 동료들의 도움을 받으면서 경제학을 익힐 수 있었다. KIEP와 명지대학교에서도 많은 분들과 교류하고 다양한 경험을 하면서 지적으로 더 탄탄해질 수 있었고, 그 경험들이 이 글을 쓰는 데 밑바탕이 되었다.

글이 막힐 때마다 SNS에서 다양한 의견과 격려를 보내준 분들께도 고마움을 전한다. 또한 「이슈 속의 경제학」 연재를 제안해준 네이버와, 책 출간을 제안해주고 글을 가다듬어준 인물과사상사에도 깊은 감사를 드린다. 마지막으로 부모님과 여동생에게 감사의 마음을 보낸다.

서론

우리가 경제학을
알아야 하는 진짜 이유

경제학의 연구 대상

경제학을 알아두면 어떤 이점이 있을까? 이 질문에 답하기 위해 우선 경제학이 무엇을 다루는 학문인지 살펴보자. 이름이 경제학이므로 경제를 연구한다고 할 수 있겠다. 하지만 경제학이 연구하는 범위는 좀더 넓다. 그럼에도 경제학이 연구하는 대상을 한마디로 말한다면, '사람들의 선택'이라고 할 수 있다.

다양한 욕구와 취향을 갖고 있는 사람들이 어떤 선택을 어떻게 하는지 연구하며, 이 모든 것이 경제학의 연구 대상이 된다. 예를 들어 오늘 저녁 식사 메뉴를 고르거나 시장에서 식재료를 구입하는 일상적인 선택부터 취직, 진학, 결혼, 자녀 교육, 아파트 구입 등 인생에서 중요한 선택까지, 모든 선택이 경제학의 관심사에 포함된다.

개인의 선택 외에 다른 선택도 경제학의 영역이 된다. 개인이 회사에 지원할지 말지 고민하는 것처럼, 기업(회사) 역시 이 사람을 고용할지 말지 선택한다. 이밖에도 기업은 상품을 만들고 판매할 때, 어떤 상품을 만들지 선택해야 하고 가격을 얼마로 할지 결정해야 한다. 그리고 정부도 세금을 정하고 여러 가지 정책과 규제를 마련한다. 이러한 선택들 역시 경제학이 관심을 갖고 연구하는 대상이다.

다만 경제학이 기본적으로 관심을 갖는 것들을 좁혀서 이야기하면, 경제체제에 대해 이해하는 것이 경제학 연구의 출발점이 된다. 사람들은 다양한 취향에 따라 여러 가지 상품을 구입하고 싶어 하며, 기업들은 여러 가지 상품을 생산하면서 이윤을 추구한다. 이러한 수요 측과 공급 측을 연결하면서 상품을 분배하는 방식이 경제학의 일차적인 관심사에 해당하며, 이것을 '경제체제'라고 부른다.

현재 대부분의 국가에서 상품의 생산과 배분은 시장과 가격을 통해 이루어진다. 그래서 경제학에서는 시장경제체제를 제일 먼저 다룬다. 그 과정에서 소비자와 생산자의 입장을 골고루 살펴보고, 그다음으로 시장경제에서 중요한 위치를 갖고 있는 정부의 역할에 대해서도 알아본다. 그리고 독과점 시장에서 개인과 기업의 선택이 어떻게 달라지는지, 국가경제에 접근할 때는 정부가 어떤 일들을 하는지 등 다양한 경제 환경을 살펴보면서 좀더 입체적으로 경제를 조망해본다.

경제학을 공부하면 좋은 이유

이렇게 개인·기업·정부가 일정한 목적을 갖고 움직이는 과정을 살펴보는 것이 경제학의 근간이 된다. 개인은 자신의 욕구 충족을 중요하게 생각하고, 기업은 이윤을 늘리는 것을 중요하게 생각하면서 이를 위해 최적의 선택을 하고자 한다. 그러니 경제학을 공부하면 우리가 결정해야 할 때, 무엇이 좋은 선택인지 판단하는 눈을 기를 수 있다.

보통 경제학이 합리적 인간만을 다룬다고 하지만 사실은 그렇지 않다. 경제학의 연구 방향이 넓고 복잡한 모델들을 다루다 보니 인간이 합리적이라고 단순하게 가정하는 것이며, 실제로는 양심적인 선택, 사회적 규율을 우선시하는 선택, 비합리적인 선택 등에 대해서도 연구한다. 반대로 경제학을 배우면서 합리적 선택이 무엇인지 알고 깨달음을 얻는 것이 더 중요하다. 인간이기 때문에 비합리적 선택을 하기도 하지만 더 나은 선택이 무엇인지 깨닫게 되면서 그러한 선택을 실제로 할 수 있게 되는 것이다.

그리고 이 과정에서 사람들의 욕구를 이해하고 긍정하는 방법을 배울 수 있을 것이다. 사람은 누구나 더 많이 갖고 싶어 하고, 더 잘 살고 싶어 하고, 많은 돈을 벌고 싶어 한다. 다른 학문들은 이 부분을 충분히 다루지 않거나 마음의 평화나 욕망의 자제 같은 인간이 지향해야 할 목적을 생각하면서 이야기하는 경우가 많다.

그러나 경제학은 사람들의 이러한 욕망을 자연스러운 것으로 받아들인다. 그래서 경제학이 인간을 이기적 인간으로 본다는 오해를 받기도 하지만, 실제로 경제학은 선택을 연구하는 만큼 선택하는 인간의 다른 다양한 특성, 도덕, 관습, 법률, 양심도 모두 고려한다. 그 결과 경제학은 인간이라는 존재를 좀더 잘 이해할 수 있게 도와준다.

인간을 넘어 사회로

경제학을 알면 우리가 살아가는 사회에 대해서 더 잘 이해할 수 있다. 먼저 경제학이 사람들에 대한 이해를 도와주기 때문에 사람들로 구성된 사회에 대해서도 잘 이해할 수 있게 해준다. 특히 어떠한 정책이 달라지면 사람들이 어떻게 반응할지 미리 생각할 수 있게 도와주고, 이러한 이해를 통해 조직·기업·정부는 정책을 수립할 때 좀더 치밀하게 접근할 수 있게 된다.

또 경제학을 알면 사회를 구성하는 주요한 요소인 경제체제에 대해서 이해할 수 있게 되며, 이것을 토대로 사회 전체와 국가경제에 대해 더 잘 이해할 수 있게 된다. 시장경제체제는 한 사회를 구성하는 중요한 요소이며, 경제적 불평등과 거대 기업의 역할은 사회 전체를 이해하는 데 중요하다. 그래서 경영학이나 행정학을 공부하는 사람들도 경제학을 중요하게 생각한다.

그다음으로 경제학은 국가경제의 특성에 대해서 이해할 수 있게 도와준다. 예를 들어 국가경제를 어떻게 해석해야 하는지, GDP, 인플레이션, 국제수지와 같은 경제지표가 담고 있는 의미가 무엇인지 알 수 있게 된다. 그 덕분에 국가경제 상황의 변화에 따라 정부가 어떤 정책을 선택해야 하는지, 개인·가계·기업은 어떻게 대응해야 하는지를 알게 되는 것이다.

그리고 경제학은 더 나은 사회를 만들기 위한 답도 제시한다. 이에 대해서는 사람들마다 생각이 다를 것이다. 누군가는 전체적인 효율성을 중요하게 생각할 것이고, 또 누군가는 사람들 간의 형평성을 더 중요하게 생각할 것이다. 경제학적 관점에서는 보통 물질적인 풍족함을 중요하게 생각하지만, 이것이 국민들의 행복을 모두 설명하지는 못한다. 경제학을 배우면 본인이 생각하는 더 나은 사회를 만들기 위해 어떤 정책과 수단이 필요할지에 대해 논리적이고 체계적인 의견을 제시할 수 있다. 자신의 생각을 정교하게 하고, 더 튼튼한 논리를 갖추고, 발생할 수 있는 부작용을 예측하는 일에 있어서 경제학은 아주 좋은 도구가 된다.

어떤 사람들은 시장경제 자체가 잘못되었다고 이야기하기도 한다. 이 체제가 완벽하지 않으며, 불평등을 야기한다는 단점도 있다. 그러나 세계의 모든 선진국이 시장경제체제를 채택하고 있고, 이를 채택하지 않은 나라들은 모두 실패했다.

한편에서는 사람들의 욕구를 인정하려는 경제학의 특성과 정부의 개입 없이도 훌륭한 자원배분을 달성하는 시장경제체제의 특징을 악용해 정부는 만악萬惡의 근원이므로 시장에 개입하면 안 된다는 이야기를 교조적으로 설파한다. 또 한편에서는 주류경제학은 기득권의 이익에 봉사하므로 잘못되었고 새로운 경제학을 통해 사람들의 행복을 추구할 수 있다고 주장한다.

둘 다 틀렸다. 경제학은 경제주체의 선택과 경제체제를 분석하는 도구로서의 특성이 강하며, 사람들마다 생각하는 이상적인 사회의 모습이 다른 만큼 경제학이라는 도구는 다르게 이용될 수 있다. 그리고 경제학을 통해 사회의 발전을 위한 더 논리적인 주장을 펼칠 수 있다. 시장경제체제를 대신할 다른 경제체제는 검증된 적이 없는 만큼, 시장경제체제를 제일 잘 분석하는 현재의 주류경제학이 경제 분야에서, 사람들의 선택과 관련된 분야에서 제일 논리적으로 치밀한 주장을 할 수 있다.

경제학의 한계와 희망

어떤 때에는 경제학이 분명한 답을 내놓기도 하지만 명쾌한 답을 내리지 못할 때도 있다. 명쾌한 답을 내릴 수 있는 문제라면 이미 사람들이 그 문제를 풀고 결론을 내렸을 것이다. 시장경제체제가 제일 뛰어난 경제체제라는 것이 역사적으로 증명된 것처럼 말이다. 아쉽게도 많은 사람이 풀지 못한 사회적 문제에 대해서는 경제학이 내놓는 답도 한정되어 있다. 특히 가치관의 차이로 인해 사람들이 생각하는 경제학적인 해결책도 다를 때가 많다.

그러나 경제학은 상당한 수준의 논리적 체계를 갖추고 있으며, 사람들의 선택에 대한 문제와 경제체제에 대한 문제에 대해 제일 잘 분석할 수 있는 학문이다. 경제학을 배우면 더 나은 선택을 할 수 있고, 타인과 사회에 대해서 더 깊이 이해할 수 있으며, 더 나은 사회를 만들 수 있는 논리적인 대안을 제시하고 평가할 수 있게 될 것이다. 더 많은 사람들이 더 나은 삶과 더 나은 사회를 위해 경제학이라는 도구를, 경제학적 논리를 마음껏 활용할 수 있게 되기를 바라며, 그러한 목표에 이 책이 기여할 수 있기를 바란다.

차 례

4장   국가경제의 이해

5장   투자와 금융의 원리

6장   국제경제의 문제들

시장경제와 가격

1장에서는 시장경제체제를 설명한다. 어떤 상품을 사람들에게 어떻게 분배할 것인지에 대한 문제는 '가격'을 중심으로 결정된다. 사람들은 가격에 따라 돈을 지불하고 상품을 구입한다. 가격을 변화시키는 수요와 공급의 원리도 중요하다. 가격이 형성되는 과정에서 정부의 개입 없이 시장경제체제가 매우 효율적으로 돌아간다는 것이 경제학의 제일 중요한 출발점이다. 하지만 시장경제체제와 가격이 만능은 아니다. 불공평하다고 느끼는 지점도 존재하고, 때로는 가격 움직임 때문에 혼란이 발생하기도 한다. 이러한 부분들을 설명하기 위해 가격체계에 정부가 개입하는 경우와, 기업이 의도적으로 가격에 영향력을 행사하려고 하는 사례에 대해서 소개했다. 그러나 기본적으로 시장경제의 효율성을 설명하는 데 많은 내용을 할애했다. 시장경제의 효율성을 먼저 설명한 뒤, 시장경제의 한계와 정부개입의 필요성을 집중적으로 설명하는 것이 논리적으로 자연스럽기 때문이다. 1장이 시장경제가 왜 중요한지에 대한 질문에 답하는 부분인 만큼 이 책의 다른 모든 내용을 이해하기 위해서는 이 장을 이해하는 것이 우선되어야 한다.

바코드 속 가격은
어떻게 만들어질까

세상에는 사람들이 원하고 필요한 상품들이 많다. 사람들은 식사 시간이 되면 설렁탕을 먹을지 햄버거를 먹을지 고민하고, 네일숍이나 미용실에 가 자신을 가꾸기도 한다. 돈을 모아서 새로 나온 핸드폰이나 자동차를 구입하기도 하며 해외여행을 가기도 한다. 이처럼 사람들의 욕구를 자극하는 모든 것은 다양한 형태의 상품이 된다.

사람들이 원하는 상품들을 얼마나 어떻게 만들고, 필요로 하는 사람들에게 어떻게 분배하느냐 하는 것이 제일 중요한 경제문제가 된다. 이것을 작동시키는 방식이 바로 사회의 경제체제이다.

현재 대부분의 나라가 채택하고 있는 방식, 그리고 우리가 살아가면서 주변에서 경험하고 있는 것이 바로 시장경제체제이다. 그래서 경제학을 이해하려면 제일 먼저 시장경제를 이해해야 한다.

가격 메커니즘을 작동시키는 보이지 않는 손

우선 문제를 분석해보자. 상품을 원하는 사람들, 즉 수요 측은 상품을 원하는 정도가 제각각 다르다. 그리고 상품을 생산하는 사람들인 공급 측 역시 어떤 상품을 우선으로 해서 얼마나 만들지 결정해야 한다. 그리고 나서 상품들을 수요 측 중 누구에게 어떻게 분배해야 하는지에 대한 문제가 있다. 이 문제는 수많은 사람의 취향, 욕구, 경제적 능력 등과 맞물려 있기 때문에 최선의 답을 찾는 것이 간단하지 않다.

시장경제는 이러한 문제를 가격에 따라 해결한다. 상품을 원하는 사람들 중에서 시장에 형성된 가격보다 그 상품에 높은 가치를 부여하는 사람들은 가격에 해당하는 비용을 지불하고 상품을 구입한다. 그 돈을 지불하면서까지 그 상품을 원하지 않는 사람은 구입하지 않으면 된다. 이 방식은 매우 간편하면서도 사람들의 취향을 잘 반영하고 있다.

예를 들어 햄버거가 7천 원이라고 할 때, 어떤 사람은 햄버거를 좋아하기 때문에 1만 원을 내더라도 햄버거를 구입하고 싶어

할 것이다. 그리고 7천 원에 햄버거를 구입했다면 크게 만족할 것이다. 햄버거가 1만 원이어도 구매할 의향이 있었는데, 실제로 7천 원만 지불했다면 3천 원 이익이기 때문이다. 하지만 햄버거를 그렇게 좋아하지 않는 사람은 햄버거가 5천 원일 경우에만 사 먹을 생각이 있다고 가정해보자. 그럼 이 사람은 햄버거 가격이 너무 비싸다고 생각해 햄버거가 아닌 다른 것을 사 먹을 것이다.

이것이 시장경제가 자원을 배분하는 방식이다. 가격을 기준으로 햄버거를 더 좋아하는 사람이 햄버거를 가져가고, 햄버거를 좋아하지 않는 사람은 햄버거를 선택하지 않는다. 단순해 보이는 이 원리에 따라, 사람들의 취향과 선호에 따라 상품이 분배된다. 상품을 더 좋아하는 사람이 그 상품을 가져가는 중요한 원칙을 시장경제는 아주 잘 반영한다.

그리고 시장경제의 이러한 분배 방식은 공급 측과 많은 관련이 있다. 먼저 상품 가격은 공급 측의 생산능력에도 영향을 받는다. 햄버거 가격이 7천 원이라면, 이는 여러 가지 비용의 영향을 받은 것이다. 햄버거를 만들기 위해서는 빵, 고기, 양파, 토마토 같은 재료도 있어야 하고, 이를 만들면서 일할 사람들을 고용해야 하므로 그들에게 임금을 지불해야 한다. 점포 임대 비용과 매장 인테리어 비용 등 다양한 비용도 고려해야 한다.

(비용도 원래는 고정비용과 가변비용을 분류해야 하기 때문에 복잡하지만) 만약에 햄버거 1개 만드는 데 8천 원이 든다고 하면, 시장

가격이 생산 비용보다 낮기 때문에 햄버거를 팔수록 손해이므로 공급 측은 햄버거를 만들지 않게 된다. 그 결과 더 낮은 비용으로 만들 수 있는 사람만 햄버거를 만들기 때문에 공급이 부족해지면 햄버거 가격은 오를 수밖에 없게 된다. 즉 가격은 수요 측과 공급 측의 사정에 따라 결정된다. 이를 가리켜 '가격은 수요와 공급이 만나는 곳에서 결정된다'라고 한다.

이 과정에서 인기가 많은 상품은 가격이 올라가면서 생산도 늘어난다. 햄버거를 사려는 사람들이 많아져서 빠르게 다 팔리면 공급 측은 조금 더 비싸게 팔아도 다 팔 수 있다고 판단해 가격을 서서히 올린다. 그러면 공급 측은 높은 가격에 팔아 돈을 벌기 위해 생산을 늘린다. 이때 가격은 신호 역할을 하게 된다. 다시 말해 수요 측의 수요 변화가 가격이라는 신호를 통해 공급 측에게 전달되는 것이다.

이것이 시장경제의 효율성이며, '보이지 않는 손'이라는 단어가 탄생한 배경이기도 하다. 이 단어는 정부나 어떤 관리자가 인위적으로 이러한 체제를 만들어낸 것이 아니라 보이지 않는 가격이라는 존재가 섬세한 손으로 모든 것을 조작하는 것처럼 경제체제를 만들어나간다는 특성을 의미한다.

시장경제의 취약점

시장경제는 대단히 효율적이고 명쾌하다. 하지만 시장경제체제가 완벽하게 경제문제를 해결할 수는 없다. 예를 들면 국방이나 치안은 민간이 공급하기 어렵기 때문에 정부가 직접 제공해야 하며, 정부가 이 일들을 하기 위해서는 세금이 필요하다. 그 외에 독과점 문제, 환경오염과 기후변화 문제 등 정부가 개입해야 하는 일들도 있다. 이 부분에 대해서는 뒤에서 자세히 다룰 것이기 때문에 여기서는 하나에만 집중에서 살펴보자.

앞에서 시장경제에 따르면, 햄버거를 좋아하면(취향) 그만큼 돈을 더 낼 수 있고(지불 의사) 그러면 햄버거를 구입할 수 있다고 했다. 그러나 여기에는 중요한 전제가 깔려 있다. 바로 사람들 간의 소득과 재산이 큰 차이가 없다는 것이다. 이 전제가 없으면 취향과 지불 의사가 달라진다.

예를 들어 고급 호텔의 숙박료가 300만 원이라고 하자. 시장경제에서 이 금액이 의미하는 바는 호텔 숙박에 300만 원이 넘는 가치를 부여하고 그 돈을 낼 수 있는 사람만이 이 상품을 구입한다는 것이다. 하지만 연봉 3억 원을 받는 사람과 연봉 3천만 원을 받는 사람이 있다고 하면, 전자는 호텔 숙박을 그다지 원하지 않아도 300만 원이 큰 부담이 되지 않겠지만, 후자는 전자보다 더 간절하게 호캉스를 가고 싶어도 '돈이 없어서' 갈 수 없는 일이 벌어진다.

시장경제에서 상품의 분배에 영향을 주는 것은 2가지이다. 하나는 상품을 더 많이 원하는 사람이 가져가는 것이고 이것은 바람직하다. 다른 하나는 돈이 더 많은 사람이 유리하다는 것이다. 다른 사람보다 더 많은 돈을 지불할 수 있기 때문에 상품을 원하는 정도가 덜 간절해도 상품을 가져가기 쉬워진다.

사유재산의 필요성

그렇다면 불공평해 보이는 이 문제를 어떻게 해결해야 할까? 만약에 모든 사람의 소득과 재산 수준이 동일하다면 후자의 문제는 쉽게 해결할 수 있다. 이런 상황에서는 본인의 취향과 선호에 따라 상품을 구매할 계획을 세워야 하며, 결국 제일 간절하게 원하는 사람이 그 상품을 갖게 될 것이다.

그런데 그렇게 되면 다른 문제를 야기할 소지가 있다. 예를 들면 공급 측은 가격을 보고 무엇을 얼마나 생산할지 결정하는데, 이는 돈을 더 벌기 위해서다. 돈을 더 벌기 위해서 인기 있는 상품을 더 많이 만드는 것이다. 스스로 노력해서 돈을 벌고 더 많이 소비할 수 있는 시스템이 존재하기에 시장경제가 움직이는 것이다. 즉 사유재산은 시장경제를 뒷받침하는 중요한 역할을 한다.

사유재산제도는 개인의 노력을 더 자극한다. 노력해서 일을 하고 돈을 벌고 그 돈으로 원하는 재화와 서비스를 더 많이 구입하고 더 많이 소비할 수 있다. 만약 이 제도가 없다면 개인은 열심히 일할 유인이 감소하며, 이로 인해 사회 전체의 생산성이 크게 낮아진다.

다시 말해 시장경제와 가격이 현대 경제체제의 핵심이며, 사유재산제도는 시장경제를 받치는 중요한 기둥이다. 다만 이 제도 역시 완벽하지는 않다. 왜냐하면 개인의 노력보다는 부의 대물림이나 단순히 운이 좋아서 돈을 버는 경우도 많기 때문이다. 불평등이 심화되면 사회 전체적으로 미치는 손해도 크다.

그러므로 모든 사람에게 소득과 재산을 똑같이 분배해서도 안 되지만, 소득과 재산이 많지 않다고 해서 과도한 불이익을 받아서도 안 된다. 인간다운 최소한의 삶을 살 수 있도록 제도적인 장치를 마련해야 하며, 형평성을 증진시키기 위해 노력하고, 사람을 대할 때는 돈으로 표현되지 않는 진정성과 정성, 다양한 욕구들을 이해해야 한다.

어쨌거나 지금으로서는 시장경제체제보다 더 나은 경제체제는 없다. 시장경제체제의 문제점을 개선하려면 이 체제 내에서 정부가 시장에 개입해야 한다. 이를 위해서는 시장경제를 충분히 이해하는 것이 먼저이고, 어떤 부분에서 어떻게 개입해야 하는지 고민하는 것은 그다음이다.

시장과 가격이 없다면
어떤 일이 벌어질까

2022년 2월, 포켓몬빵이 재출시되었다. 100종이 넘는 포켓몬스터 캐릭터들의 스티커가 하나씩 동봉되어 있는 이 포켓몬빵은 출시된 이후 엄청난 인기를 얻었다. 출시 직후부터 품절 대란을 일으키기 시작했고, 출시 43일 만에 1천만 개가 팔리는 신기록을 세웠다.

포켓몬빵 인기가 한창일 때는 가게에 포켓몬빵이 입고되는 시간에 맞춰 기다리는 사람들이 나타났고, 어른 아이 할 것 없이 가게에 빵을 배송하는 트럭을 쫓아가면서 구입했다는 경험담이 SNS에 올라왔다. 포켓몬빵은 2022년 내내 품귀 현상을 겪다가 그해 겨울이 되어서야 구하기 쉬워졌다.

이 사례는 포켓몬빵 가격에 어떠한 문제가 있었다는 것을 시사한다. 경제학의 제일 간단한 모델에 따르면, 상품을 구입하려는 사람들과 판매하려는 사람들이 가격을 제시하면서 상품의 적당한 가격이 결정된다. 이것을 '시장균형' 또는 '균형가격'이라고 부른다. 시장균형이 형성되면 수요량과 공급량이 일치하기 때문에 품귀 현상이 일어나지 않는다.

품귀 현상의 원인과 심각성

품귀 현상이 장기간 발생하려면 2가지 전제 조건이 필요하다. 하나는 수요에 비해 공급이 불충분하다는 것이다. 어떤 상품이 갑자기 인기를 끌면 수요는 급속하게 늘어나지만, 공급은 그만큼 빨리 늘어나기 어렵다. 상품을 더 만들려면 원료를 더 구입해야 하고 인력을 더 채용하거나 노동자들에게 야근수당을 주면서 공장 가동 시간을 늘려야 하는데 많은 비용과 시간이 걸린다. 이것으로도 공급이 부족하면 공장을 추가로 짓거나 확장해야 하므로 비용과 시간이 더 소요된다. 더 나아가 자동차나 주택과 같은 상품은 빠르게 만드는 게 어렵다.

한편 기업은 특정 상품의 인기가 단발성인지 장기간 지속될지 판단하기 어렵다. 2011년에 라면 시장에서 폭발적인 인기를 얻고 삼성경제연구소 '10대 히트 상품'으로 선정되었던 꼬꼬면도 2012년부터 판매량이 줄어들면서 투자한 기업이 어려움을 겪었다. 2014년에 출시된 허니버터칩 역시 엄청난 인기를 얻었지만 해당 기업은 단발성 인기일 가능성을 우려해 공급을 크게 늘리지 않았고 그로 인해 품귀 현상이 1년 정도 지속되었다.

또 다른 하나는 어떠한 이유로 가격이 고정되어 있거나, 가격이 올라도 충분하지 못하다는 것이다. 인기가 많은데 공급이 부족한 경우 가격을 올려도 잘 팔리기 때문에 가격이 오르는 것이 기본적인 경제학 원리다. 가격이 충분히 올라가면 구입을 포기하는 사람이 늘어나면서 수요가 감소하고 그 결과 균형가격에 도달하면서 품귀 현상이 사라진다. 하지만 포켓몬빵은 판매 회사가 가격을 올리지 않아 품귀 현상이 심해졌다.

이에 어떤 사람들은 포켓몬빵을 다른 물건에 붙여서 파는, 이른바 불법적인 끼워팔기를 하거나 중간 판매업자가 상품을 빼돌리기도 했다. 그리고 온라인 중고 사이트에서 정가보다 더 높은 가격에 거래하는 사람들이 나타났다. 차익거래를 목적으로 포켓몬빵을 팔고 사려는 사람들이 포켓몬빵의 수요를 더욱 끌어모으면서 품귀 현상이 더 심해졌다.

일상생활에서 이러한 어려움이 일어나지 않는 것은 역시 가격 때문이다. 대부분의 상품은 수요와 공급에 따라서 가격이 적당히 높아지거나 낮아진다. 어떤 상품의 인기가 많아지면 가격이 높아지면서 기업들은 더 많은 이익을 얻기 위해 상품의 생산을 늘리는데 이러한 수요의 변화를 전달하는 역할은 결국 가격이 한다. 그 결과 시간이 흐르면 인기가 많은 상품의 생산이 늘어나 소비자들의 늘어난 수요가 충족된다.

한편 선착순이라는 줄서기가 포켓몬빵을 '더 간절하게 원하는 사람'에게 분배하는 하나의 대안일 수도 있다. 상품을 간절하게 원하는 정도를 돈으로 표현하는 시장경제의 가격 원리에 비해 '줄서는 시간'으로 표현하는 줄서기는 공정한 측면도 있다. 사람들이 가진 돈은 모두 다르지만, 24시간은 모두에게 예외 없이 똑같이 주어지기 때문이다. 그래서 연인과 가족과 친구에게 시간을 쓰는 것은 자신의 마음을 표현하는 중요한 방법 중 하나이다.

하지만 모든 상품을 이 방식으로 분배하는 것은 너무 번거롭고 비효율적이다. 가격이 없거나 균형가격이 아닌 가격에 가격이 고정되어 있다면 수요와 공급이 불일치하는 문제가 많은 상품에서 자주 발생하게 된다. 어떤 건 구하기 힘들어서 입고 시간에 맞춰 마트에 가서 줄을 서야 할 것이다. 도저히 구입할 수 없는 경우라면, 중고시장에서 매우 비싼 가격에 구입해야 할 수도 있다. 또 어떤 건 공급이 너무 많아서 재고 부담을 떠안거나 폐기해야 할 수도 있다. 불편함이 말로 표현하기 어려울 정도로 커질 수 있다.

또 다른 사례로는 2022년 택시요금 인상과 관련된 논란이 있다. 택시요금은 정부당국이 결정하므로 수요 변화에 즉각적으로 대응하기 어렵다. 2022년 여름, 택시를 이용하려는 사람들은 늘었지만 낮은 택시요금으로 택시 공급이 줄어들어 소비자들이 불편을 겪었다. 그래서 그해 겨울에 택시요금을 올렸는데, 이번에는 반대로 가격을 너무 올리는 바람에 수요 감소와 공급과잉이 발생했다.

공산주의는 왜 실패했을까

이 부분은 역사적으로도 충분히 증명되었다. 제2차 세계대전 이후 1990년까지 지금의 러시아 지역과 동유럽 지역, 그리고 중국은 공산주의를 채택해 시장경제와 사유재산을 배제한 경제체제를 운용했다. 40년 넘게 벌어진 체제 대결은 시장경제와 자본주의의 완벽한 승리로 끝이 났다. 시장의 가격 메커니즘이 아닌 정부 주도로 모든 상품을 분배하는 것은 매우 비효율적이었고, 사유재산을 부정했기 때문에 사람들이 열심히 일할 동기를 충분히 만들지 못했다.

중국은 1990년 이후 시장경제 요소를 적극적으로 도입했고, 세계화의 한 축이 되어 국제무역을 활발하게 시작했다. 그 덕분에 중국은 눈부신 경제발전을 이룩해 세계경제의 핵심 국가로 자리 잡았다. 중국의 정치 당국이 경제를 과도하게 통제하는 측면이 남아 있지만, 기본적으로는 시장경제체제를 받아들였고 이 부분이 경제발전의 주요한 동인이 되었다.

　모든 것을 시장에 맡겨야 한다는 것이 아니다. 정부의 개입이 필요할 때도 있다. 하지만 시장경제체제를 부정하는 실험은 실패했고, 시장과 가격이 없으면 얼마나 불편하고 난처해지는지 역사적으로, 그리고 우리 주변에서 확인할 수 있다. 시장경제체제의 단점을 극복하기 위해서는 이 체제를 해체하는 것이 아니라, 그 안에서 보완할 방법을 찾아야 한다.

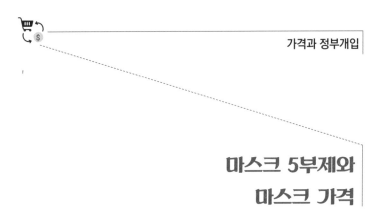

마스크 5부제와
마스크 가격

　　포켓몬빵과 같이 인기를 얻고 유행하는 상품이 아니라, 생필품을 구하는 게 어려워질 수도 있다. 예를 들어 두루마리 휴지 품귀 현상이 나타났다고 치자. 처음에는 당분간 갑 티슈나 페이퍼 타월로 대신하면 된다고 생각할 것이다. 문제는 다른 사람들도 그렇게 생각한다는 것이다. 그렇게 되면 얼마 안 가 그 상품들도 사기 어려워진다. 이 일은 실제로 2020년 3월부터 미국에서 장기간 발생했던 일이다.

　　그렇다면 가격체계에 혼란이 발생할 때 정부가 나서는 것이 맞을까, 아니면 시장에서 문제가 저절로 해결될 때까지 기다려야 할까? 결론부터 말하면 정부가 나서는 것이 맞다. 단 시장원리를 이해한 뒤에 나서야 한다.

사재기 현상은 왜 나타나는 걸까

특정 생필품을 구하기 어려워지는 현상은 포켓몬빵 같은 상품의 인기가 높아져서 발생하는 품귀 현상과 조금 다르다. 전자 현상의 원인으로는 대부분 공급의 불안정을 꼽을 수 있다. 소비자는 매일 일정한 양을 꾸준히 구매하는 것이 보통인데, 소매점에 공급이 줄어들거나 불규칙해지면 해당 상품의 가격이 오르거나 구하기 어려워질 수 있다. 하지만 더 중요한 문제는 사재기이다. 사재기는 필요 이상으로 물건을 대량 구입한다는 뜻이다. 공급이 일정 수준 이상 불안정해지면 사재기가 발생하기 쉬워진다. 왜 그럴까? 여기에는 2가지 이유가 있다.

첫 번째는 이익을 얻기 위해서다. 간단하게 생각해보자. 오늘 휴지 가격이 1천5백 원이다. 그런데 일주일 뒤에 휴지 가격이 2천 원으로 오를 것이라 예상된다고 해보자. 그렇다면 지금 휴지를 사는 것이 500원 이익이다. 즉, 가격이 오를 것이라 예상된다면 미리 사놓는 것이 이익이다. 그런데 수많은 소비자가 비슷한 생각을 한다면 어떻게 될까? 수요가 크게 상승하면서 공급이 수요를 맞추기 더 어려워진다. 수요가 올라갔으니 가격도 더 오르게 된다. 그 결과 이를 대량으로 구입한 뒤 다른 사람에게 더 비싸게 팔려는 사람들이 더 많아진다. 포켓몬빵에 들어 있는 스티커를 비싸게 판매하려는 사람들처럼, 생필품에서도 비슷한 현상이 발생하는 것이다.

두 번째는 불안하기 때문이다. 일주일 뒤에 휴지를 사도 되지만 휴지 공급이 불안정해 그때쯤이면 휴지가 없을지도 모른다는, 그래서 상당한 불편함을 겪을지도 모른다는 불안감 내지는 공포가 생겼기 때문이다. 사람들은 금전적 이익을 얻기 위해서도 움직이지만, 불확실한 것을 싫어하기도 한다. 그리고 대부분 불확실한 것은 얼마나 불확실한지 그 크기조차 정확히 예상하기 어렵기에 냉정한 판단을 내리기 쉽지 않다. 모든 불확실성을 해결하는 제일 쉬운 방법은 휴지를 더 빨리, 더 많이 사는 것이다. 다른 사람들도 이런 생각을 하기 때문에 수요가 크게 늘어난다.

즉 사람들의 이익 추구 내지는 욕심, 사람들의 불안 내지는 공포, 이 2가지가 서로 결합하면서 사재기가 발생하고 그 결과 품귀 현상이 크게 심해진다. 욕심과 공포의 비율은 상품마다 그리고 주변 상황에 따라 다르지만, 분명한 것은 품귀 현상을 해결하려면 이 2가지를 모두 해소해야 한다는 것이다.

물론 사람들의 욕심을 무조건 나쁜 것이라 볼 수만은 없다. 과도하게 많은 물품을 쌓아 놓고 판매하지 않는 행위에 대해서는 정부의 단속이 필요하지만, 돈을 벌고 싶은 마음은 자연스러운 것이기 때문에 사재기를 통해서 돈을 벌 수 없도록 조치를 취하는 것이 더 근본적인 해결책이다.

욕심과 공포를 모두 제어하려면, 사람들이 '가격은 더 이상 오르지 않을 것이고 공급이 곧 정상화되어 품귀 현상은 조만간 해결될 것이다'라고 믿도록 만들어야 한다. 가격이 더 이상 오르지 않는다면 이득을 바라고 물건을 구입하는 일이 없어지게 되고, 그 결과 공급이 정상화되면 상품을 구입하지 못해 피해를 입거나 불편함을 겪게 될 일이 없어지기 때문이다.

마스크 5부제는 단순한 5부제가 아니다

2020년 1월, 코로나19로 마스크 품귀 현상이 일어났다. 마스크를 구입하기 위해 긴 줄을 선 모습이 곳곳에서 관찰되었다. 당시 일부는 비싸게 팔기 위해서 대량 구입하기도 했지만, 대부분은 코로나19에 감염될지도 모른다는 극심한 불안감 때문이었다. 사람들의 욕심과 공포가 마스크 품귀 현상의 원인이 되었다고 할 수 있다.

이에 2020년 3월, 문재인 정부는 마스크 수급 문제를 해결하기 위해 마스크 5부제를 실시했다. 이 정책의 첫 번째 핵심은 국민 누구나 최대 2매의 마스크를 장당 1천5백 원에 구입할 수 있게 한 것이었다. 그 덕분에 사람들은 마스크를 전혀 구입할 수 없을지도 모른다는 공포에서 벗어날 수 있게 되었다. 그 결과 마스크를 비싸게 살 필요가 없어지면서 마스크를 재판매해 이익을 얻으려고 사재기하는 행위도 줄어들었다.

그러나 가격을 낮게 고정시키는 것은 규제만으로 이루어지지 않는다. 정부가 가격을 낮게 묶어두기만 하면 공급자는 싸게 팔아야 하므로 상품을 충분히 공급하지 않으려 한다. 그러니 품귀현상을 해결할 때 핵심은 공급량을 늘려 상품을 어렵지 않게 구입할 수 있게 될 거라는 믿음을 만들어주는 것이 더 중요하다.

마스크 5부제의 또 다른 핵심은 충분한 공급 확보에 있다. 가격을 안정시키되 마스크를 생산하는 기업들이 충분한 이익을 얻을 수 있는 수준의 가격은 보장해야 한다. 만약에 기업들이 원하는 가격이 너무 비싸면 상황에 따라 정부가 세금을 투입해 매입하고 국민들에게 싸게 판매하는 방안도 검토해야 한다. 이에 정부는 모든 국민이 하루에 다 몰리면 마스크 확보가 어려워지므로 출생 연도 끝자리를 5가지로 분류해 각 요일과 짝지어 판매함으로써 수요를 분산시켰다. 이것이 마스크 5부제의 핵심이었다.

이 정책은 초기에는 혼란이 있었지만, 비교적 빠르게 마스크 시장의 수요와 공급을 안정시켰다. 그 결과 같은 해 6월 1일부터 마스크 5부제 정책은 단계별로 완화되었다. 정책을 통해 '마스크 가격의 안정'과 '충분한 공급 확보'라는 2가지 요건이 모두 충족되면서 사람들을 진정시키는 데 성공했고, 사람들이 마스크를

사재기해야 할 두려움이나 경제적인 이득 모두 사라졌기 때문이
었다.

무상 배급도 시장 방임도 답이 아니다

물론 2020년 당시에 마스크 5부제를 통한 공적 공급을 반대
하는 사람들도 있었다. 그들의 주장은 2가지로 나뉘었다. 첫 번
째는 마스크를 무상으로 배급해야 한다는 것이었다. 무상 배급을
하면 1천5백 원이 부담스러운 국민에게 도움이 되는 것은 맞다.
하지만 그렇게 되면 생산자는 이익이 없어지기 때문에 마스크
생산 물량을 줄일 것이고, 정부가 공급을 담당한다면 정부는 매
주 900억 원 내외의 돈을 부담해야 한다. 그리고 5부제 같은 통
제가 없으면 공급이 수요를 따라가기 어려워지면서 불안이 지속
될 가능성이 커진다.

두 번째는 시장원리에 맡겨야 한다는 것이었다. 시장원리에
맡기면 마스크 가격이 상승하므로 마스크를 만드는 사람들이 늘
어나고, 공급이 늘어나면 이에 따라 수요와 공급이 만나면서 마
스크 대란이 사라진다는 논리였다. 이 말은 장기적으로나 이론적
으로는 맞다.

하지만 자유방임으로 이 문제를 해결하려 한다면 긴 시간이
걸릴 수 있다. 생산을 늘리기 위해 마스크 공장을 지으려면 상당

한 시간이 걸린다. 그럼 공장이 완성될 때까지 마스크 품귀 현상은 지속된다. 또한 마스크 품귀 현상이 해소되거나 코로나19 바이러스가 퇴치되면 수요가 감소하는데 그렇게 되면 생산량을 늘리기 위해 공장을 지었던 사람은 손해를 보게 된다. 즉 공급은 수요만큼 즉각적으로 크게 늘어나기 어렵다.

그리고 마스크가 너무 비싸지면 저소득층이 피해를 입을 수밖에 없으며 코로나19에 걸릴 위험성 또한 높아지게 된다. 마스크는 코로나19로부터 나 자신을 지키기 위해서도 필요하지만 다른 사람들에게 감염시키는 것을 막기 위해서 사회적으로도 필요하다(경제학적으로는 일종의 긍정적 외부효과에 해당한다). 마스크 가격이 높아져서 저소득층이 마스크를 착용하기 어려워지면 불평등한 일이기도 하지만 국민 전체의 바이러스 노출도가 올라가게 된다.

이렇게 중요한 물품에 대해서는 가격이 높아지지 않게 정부가 관리해야 한다. 그렇다고 단순히 가격만 통제하면 공급이 감소해 물품을 구하기 어려워지는 문제가 더 심해질 수 있다. 하지만 아주 중요한 일부 물품은 정부 차원에서 공급을 확보하면서 가격을 통제한다면 가격통제는 성공적으로 작동할 수 있다. 그런 면에서 마스크 5부제는 모범적인 사례였다.

일반적으로 경제학자들은 가격통제에 부정적이지만, 마스크 품귀 현상 당시에는 다른 의견을 제시한 사람들이 많았다. 미국 시카고대학교에서 진행한 설문조사에 따르면 70퍼센트 이상의 경제학자들이 가격에 따라 마스크 문제를 해결하는 것이 공공에 좋지 않으며, 지불 능력이 아니라 필요에 따라 적절하게 분배하기 위해서는 정부가 개입해야 한다고 주장했다.

하지만 우리나라 마스크 5부제 사례처럼 정부의 시장개입이 간단한 것도 아니고 성공만 하는 것도 아니다. 정부가 좋은 의도로 개입했다가 실패한 사례도 있으며 때로는 시장이 해결하도록 두는 것이 나을 때도 있다. 그러나 문제가 심각할 때는 정부가 시장원리에 입각해 현명하게 대처한다면 분명히 더 좋은 결과를 거둘 수 있다.

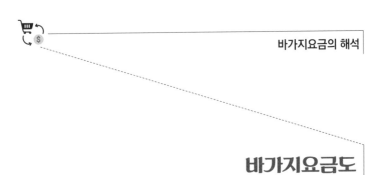

바가지요금도
시장가격일까

　　2023년 1월, 백종원이 고향인 예산군과 손잡고 지방 전통시장 살리기 목적으로 예산시장에 음식점 5곳을 열었다. 그러자 하루 평균 방문객이 20~30명에 불과했던 예산시장이 약 2개월 동안 18만 명 이상이 찾는 핫 플레이스로 떠올랐다.

　　그런데 예산시장이 2월 27일부터 3월 31일까지 긴급 휴장에 들어갔다. 대기 줄이 너무 길고 화장실과 주차 문제가 발생했으며, 음식점에도 몇 가지 문제가 생겼다는 것이 그 이유였다. 이에 백종원은 3월 7일에 상인들과 간담회를 가졌는데, 프로젝트 전에는 6만 원대였던 숙박료가 13~14만 원까지 크게 오른 것이 논란이 되었다. 바가지요금이라는 비판이 나온 것이다.

간단한 경제모델을 떠올렸을 때 수요가 증가하면 가격이 오르는 것은 자연스러운 현상인데, 외부에서 가격을 통제하려 들면 여러 가지 문제점이 발생하게 된다. 하지만 백종원은 간담회에서 직접 가격인상 자제를 부탁했다. 숙박료 인상 논란을 중심으로 보이지 않는 손이 우선인지, 보이는 손 백종원이 우선인지 살펴보자.

왜 가격이 올랐을까

먼저 경제모델에 입각해 생각해보자. 사람들이 어떤 유형·무형의 재화를 많이 찾았을 때 외부의 개입이 없다면 가격은 오르는 것이 자연스럽다. 공급보다 수요가 많으면 공급자는 가격을 높여도 물건을 모두 판매할 수 있다. 그 결과 공급자는 높은 가격을 지불하는 사람들에게 재화를 판매해 더 높은 이익을 얻을 수 있게 된다.

수요자는 높아진 가격이 당장은 불만스럽다. 하지만 공급보다 수요가 많아지면 높아진 가격 때문에 공급자는 더 많은 재화를 공급하려고 한다. 백종원의 프로젝트로 예산시장이 살아나면 다른 사업자들이 그 일대에서 새로운 사업을 구상할 수도 있다.

즉, 예산시장 주변의 숙박료가 오르는 현상은 그 지역 숙박업소의 신규 진입을 촉진하는 중요한 원동력이 되는 것이다. 가격이 오르면 공급이 늘어남으로써 수요자의 높아진 수요를 충족할 수 있는 것은 물론 공급자는 새로운 사업 기회를 얻어서 모두가 행복해지는 상황이 시장경제의 원리 '보이지 않는 손'이 작용한 결과이다.

그렇다면 예산시장 숙박 시설 가격인상은 왜 비판을 받았을까? 바가지요금 논란이 나올 때 우선 첫 번째로 생각할 수 있는 문제는 공급 측의 담합이다. 담합은 시장에서 자율적으로 가격이 형성되는 것이 아니라, 공급자들이 연합해 가격을 높게 정하는 것이다. 담합은 자율적 가격결정 과정에서 정해지는 시장가격보다 더 높은 가격을 형성하기 때문에 소비자들에게 큰 피해를 준다. 담합이 발생하면 시장경제의 효율성과 분배 모두에 악영향을 준다는 것도 경제학의 기본적인 원리 중 하나다.

이 때문에 정부에서도 담합을 규제하고 처벌하고 있지만 확실한 증거를 찾아내기 쉽지 않은 상황이다. 그래서 담합이 의심되면 가격을 낮추도록 규제하거나 자발적 가격인하를 권장하고 유도할 수도 있다. 이때는 외부의 힘에 인한 가격인하가 사회적으로 더 이익이 된다.

하지만 담합이 아니라 순수하게 수요가 크게 높아져서 가격이 크게 올랐을 가능성도 있다. 예산시장을 방문한 관광객은 예년보다 100배 내외 오른 것으로 추정되며, 많은 사람이 당일치기 관광을 했다고 하더라도 하룻밤 머무른 사람들도 상당히 많았을 가능성이 크다. 담합을 하지 않았더라도, 가격을 올리더라도 수요가 줄어들지 않았다면 가격을 올렸을 수 있다.

한편 숙박 시설은 단기간에 공급을 늘리는 게 어렵다. 에어비앤비처럼 일반 주택을 임대하는 서비스는 비교적 단기간에 공급을 빠르게 늘릴 수 있지만, 새로운 숙박 시설을 짓거나 리모델링을 하려면 상당한 시간이 걸리기 때문이다. 그렇기 때문에 수요와 공급이 만나 균형을 이루는 상태가 되기까지 상당한 시간이 걸리므로 그전까지 소비자는 불편을 겪을 수밖에 없다.

담합으로 가격이 올랐는지, 수요가 크게 늘었는지 확인할 수 있는 방법은 예산시장 일대 숙박 시설의 공실률을 확인하는 것이다. 만약에 빈방이 상당히 많다면 담합했을 가능성이 크다. 이때는 가격인하를 유도해 숙박 시설 업자들의 부당한 이득을 줄이고 수요자의 이익을 늘릴 수 있다. 하지만 숙박비가 2배 이상 올랐다고 해도 그 근처에 빈방이 거의 없다면 이것은 높은 수요 때문에 가격이 올랐을 가능성이 높고, 담합으로 가격이 과도하게 올랐다고 확신할 근거가 부족해진다.

성수기 때마다 유명 관광지의 음식점이나 기념품점이 가격을 과도하게 높이는 바람에 문제라는 뉴스를 심심찮게 보게 된다. 수요가 몰려 가격을 올린 경우도 있고, 담합 때문에 가격이 오른 경우도 있다. 그렇지 않다고 하더라도 생산 비용이 많이 들어서 가격을 낮추기 어려운 것일 수 있다. 생산 비용이 주는 영향을 무시할 수는 없지만, 사업을 유지하려면 판매가 충분해야 한다. 판매가 잘되지 않는다면 일정한 시점에서 가격을 낮추거나, 폐업하는 것을 고민하는 것이 최선이자 시장원리에도 맞다.

브랜드 이미지와 고객 만족

그러나 가격인상이 담합이 아닌 수요의 급증 때문에 일어났다고 하더라도 가격인상을 조절하는 것이 더 나을 수 있다. 공급자의 브랜드 이미지 때문이다. 공급이 쉽지 않은 상태에서 수요가 급증하는 경제적인, 시장원리적인 요인 때문에 가격인상이 발생했더라도 가격인상률이 높으면 소비자들이 그것을 쉽게 받아들이기 어려울 수 있다. '불공정하다'거나 '갑질이다'라는 식으로 불쾌하게 생각할 여지가 충분하다.

예를 들어 사과에 대한 수요가 상승하면 가격이 오르는 것이 자연스럽지만, 특정 브랜드 '예산사과' 수요가 크게 상승한다면 예산사과의 브랜드 이미지도 감안해야 하는 것이다. 일시적인 수요 증가인지 장기적으로 유지될지 알 수 없는 상태에서 수요가 크게 오른다고 가격을 크게 올리면 고객의 불만이 커지면서 장기적으로는 손해로 돌아올 수도 있기 때문이다.

모든 상품과 서비스의 수요는 품질 외에도 장소와 시간의 영향을 받는다. 갑자기 비가 내리면 우산을 사려는 사람이 많아지면서 우산의 가격이 올라갈 수 있다. 똑같은 숙박 시설이더라도 위치에 따라 가격이 달라질 수밖에 없으며, 예산시장 주변의 숙박 시설은 예산시장이라는 명소가 있기 때문에 그 가치가 더 높아졌을 것이다. 그럼에도 가격이 너무 올라가면 소비자는 충분히 불쾌함을 느낄 수 있다. 실제로 담합이 강하게 의심되는 사례가 많다 보니 '이유 있는' 가격인상도 담합 아니냐? 하는 의혹을 받기 쉽다.

예산시장 주변의 숙박 시설은 예산시장이라는 관광지의 브랜드 이미지를 결정하는 여러 요소 중 하나이다. 그러니 숙박 시설 가격인상 문제가 이슈화되고 부정적으로 비추어지면, 예산시장 전체 이미지도 하락하고 사람들의 발걸음도 뜸해질 수 있다. 또한 예산시장과 경쟁 관계에 있는 다른 곳들로 사람들이 빠져나갈 수 있다.

즉 순수하게 시장원리에 의한 가격인상이더라도, 현실적으로는 가격인상을 통제하거나 자제하는 것이 공급자에게는 장기적으로 더 좋을 수 있다. 소비자는 재화를 구입하면서 만족감을 느끼길 원하고 그러한 만족감은 다양한 경로로 영향을 받는 데다 불쾌감을 느낄 수 있는 경로도 여러 가지이기 때문이다. 그러니 공급자는 다각도에서 소비자 만족에 주의를 기울여야 하며, 가격을 인상할 때도 조심스럽게 접근해야 한다.

예산시는 선택을 해야 한다. 숙박비가 너무 높아지지 않도록 조절한다면 브랜드 이미지를 긍정적으로 구축할 수 있다. 다만 관광객들이 숙소를 구하기 어려워 불편을 겪을 수 있으며, 숙박 시설을 건축하려는 사람들이 나타나는 속도가 느릴 수 있으므로 시에서 지원을 더 해야 한다. 또한 바가지 논란과 별개로 주문한 음식의 양이 너무 적은 문제는 일종의 사기 행위이므로 행정 부처에서 중량을 표시하고 준수하게 하는 등 일정한 조치를 취하는 것은 이미지 제고에 분명히 도움이 된다.

백종원은 본인의 모든 브랜드에서 가격을 낮게 유지하고 있는데, 예산시장 프로젝트에 참가하는 사람들에게 다양한 지원을 약속하면서 음식 가격을 낮게 유지해야 한다는 조건을 내세웠다. 가격에 대해 사람들의 인식은 다양하게 나타날 수 있기에 하나의 정답만이 존재하는 것이 아니다. 가격정책을 놓고 "치킨 가격 비싸다고 불평하면 거지다"라는 식으로 서로 힐난하기보다는 왜 이런 다양한 입장이 존재하는지 이해하는 것이 필요하다.

영화관에 가지 않는
경제적 여유

　매년 7월 말에서 8월 초에 걸쳐 규모가 큰, 이른바 텐트폴 한국영화들이 여러 편 개봉한다. 코로나19로 큰 타격을 입었던 극장가도 2022년부터 이러한 영화들을 선보이기 시작했다. 일부 작품은 안 좋은 평가를 받거나 논란을 불러일으키기도 했지만, 비교적 호평을 받은 작품들도 그다지 관객들을 많이 모으지 못했다.

　과거에는 천만 영화가 1편 이상에, 관객 수 500만 명이 넘는 영화들이 다수 나오기도 했던 여름 시즌을 고려하면, 지금의 영화계는 관객 동원 면에서 아쉬운 점이 많다. 이러한 상황을 두고 여러 가지 분석이 나오고 있지만, 제일 중요한 포인트는 바로 '가격'과 '탄력성'이다. 현재 영화 시장에서 숫자로 확인 가능한 분명한 사실은 3가지이다. 티켓 가격이 올랐으며, 관객 숫자는 줄었고, 극장 매출이 줄었다는 것이다.

코로나19가 유행하기 전인 2019년과 비교했을 때 2022년에는 티켓 가격이 40퍼센트 정도 올랐고, 7월 20일부터 8월 24일까지 관객은 32퍼센트 줄었으며, 동일 기간 매출은 17퍼센트 감소했다.

어떤 대상의 가격이 오르면, 소비자는 수요를 줄이게 된다. 기업(공급자) 입장에서 매출은 가격과 판매량의 곱이다. 그렇다면 가격이 오르면 매출은 어떻게 될까? 답은 '알 수 없다'이다. 기업 입장에서 동일한 판매량에 대한 매출이 늘어나지만, 판매량이 감소했으므로 매출이 감소하는 측면도 있다.

탄력성이란 무엇일까

핵심은 '가격이 오를 때 사람들이 수요를 얼마나 줄이는가?' 하는 점이다. 경제학에서는 이것을 '탄력성', 정확하게는 '수요의 가격탄력성'이라고 부른다. 이러한 탄력성의 차이가 가격변동에 따른 기업의 매출 변화를 좌우한다. 어떤 대상이 탄력적이라면 가격이 상승한 경우, 1개 판매에 따른 매출액은 상승하지만 판매량이 크게 감소하면서 전체 매출액은 하락한다. 반면 어떤 대상이 탄력적이지 않다면 가격이 상승할 때 기업의 전체 매출액은 오히려 더 증가한다. 판매량의 감소분보다 1개 판매에 따른 매출액 상승분이 더 크기 때문이다.

간단한 숫자로 확인해보자. 영화 티켓의 가격이 1만 원이고, 영화를 보러온 하루 관객 수가 18만 명이라고 하면, 영화관 하루 매출은 18억 원이 된다. 그리고 티켓 가격이 1만 2천 원으로 올라가더라도 1일 극장 방문객이 전과 동일한 18만 명이라면 영화관 매출은 21억 6천만 원으로 늘어난다.

하지만 티켓 가격이 올랐기 때문에 관객 수는 감소할 것이라 예상할 수 있다. 이때 탄력성이 높다면 관객 수는 15만 명 밑으로 감소한다. 예를 들어 관객 수가 13만 명으로 감소한다면 매출은 15억 6천만 원이 되면서 가격을 올리기 전보다 줄어든다. 반면 탄력성이 낮다면 관객의 숫자는 감소하되 15만 명 밑으로 떨어지지는 않는다. 예를 들어서 16만 명으로 감소한다면 18만 명에 비해 2만 명 줄었지만, 매출은 19억 2천만 원이 되기 때문에 가격을 올리기 전보다 늘어난다.

여기서 생각해볼 수 있는 중요한 시사점은, 기업은 마음대로 가격을 올리기 어렵다는 것이다. 예를 들면 모든 물을 한 기업이 독점한다고 해보자. 그렇다면 물은 생존에 필요한 필수품이기 때문에 이 기업은 물 가격을 아주 높이 올릴 수 있을 것이다. 경제학적으로 '물은 탄력성이 낮다'고 부른다. 하지만 탄력성이 높은 상품들과 서비스들은 가격이 올라가면 오히려 매출이 감소한다. 그러니 기업은 코로나19 등 외부적 요인으로 매출이 감소한다면 매출을 끌어올리기 위해 가격을 올리는 것을 검토할 수도 있지만, 탄력성이 높다면 오히려 매출이 더 크게 감소하는 이중고를 겪을 수도 있다는 것을 염두에 두어야 한다.

소비자의 입장과 기업의 입장

가격이 결정되는 전체 원리는 이보다 조금 더 복잡하다. 기업의 비용 측면도 고려해야 하고, 시장 특성에도 영향받는다. 독과점 시장에서는 기업이 좀더 유리하다. 그래서 기업들이 담합해서 가격을 인상하면 불공정한 것으로 간주해 처벌하는 것이다. 영화산업도 대기업들의 과점으로 이루어져 있으므로 기업들에 유리한 부분이 있지만, 이 경우에도 기업들이 가격을 많이 올리면 오히려 피해를 입을 수 있다.

소비자 입장에서는 기업들이 가격을 올리는 것이 짜증나고 불만일 수 있다. 하지만 가격인상 자체가 불공정하거나 부정한 일이 아니다. 오히려 가격을 올린 기업이 피해를 볼 수도 있기 때문이다. 소비자들이 항의해서 기업을 압박할 수도 있지만, 제일 기본적으로 소비자들이 할 수 있는 일은 '너무 비싸면 구입하지 않는 것'이다.

그렇다면 기업 입장에서는 어떨까? 기업은 법의 테두리 안에서 이윤을 늘리기 위해 노력한다. 경쟁기업 숫자가 적다면 상대적으로 가격을 올리기가 조금 더 수월하다. 그렇다고 가격을 너무 올리면 소비자들의 외면을 받아 매출이 감소할 가능성이 있다. 그러니 기업은 탄력성, 혹은 소비자들의 충성도를 반드시 고려해야 한다. 아니면 관심이 낮은 (탄력성이 높은) 다수 소비자와 관심이 높은 (탄력성이 낮은) 소수 소비자를 구분하는 전략을 세우는 것도 가능하다. 상품마다 탄력성이 다르고 소비자들의 성향도 모두 똑같지 않으므로 기업은 좀더 세밀한 가격전략을 구사해야 한다.

예컨대 남자 아이돌 산업은 다른 장르와 달리 충성도 높은 소수 팬들의 구매력이 전체 매출을 좌우하는 비중이 높으며, 모바일게임도 충성도 높은 소수 유저들이 많은 현금결제를 하면서 매출이 유지되는 경우가 있다. 반면 〈헤어질 결심〉을 비롯해 일부 영화들은 열성 팬들이 여러 회차 관람하기도 하지만, 다른 산업에 비해 소수 팬들이 전체 매출을 좌우하기는 쉽지 않다.

영화 시장이 살아날 수 있을까

다시 영화 시장을 생각해보자. 영화 관객 수 감소 문제는 다른 복합적인 원인이 작용했을 것이다. 매년 공개되는 영화들이 다르며 질적으로 좋은 작품도 있고 그렇지 못한 작품도 있으므로 영화들의 질적 후퇴 때문에 관객들이 오지 않는 측면도 있을 수 있다. 또한 코로나19로 일정 기간 관객들이 영화를 관람하기 어려웠으며, 이 과정에서 소비자들의 영화 소비 환경이 많이 변했다. 넷플릭스와 티빙을 비롯한 OTT 플랫폼들의 공격적인 마케팅이 있었고 유튜브를 보는 사람들도 크게 늘었다. 이러한 다양한 환경 변화 요인을 통계적으로 제거해 가격인상이 미친 영향이 정확히 어느 정도인지 추정하는 것은 상당히 어렵다.

그러나 높아진 티켓 가격은 영화를 자주 보지 않던 사람들에게 영화 관람을 주저하게 만들 가능성이 충분하다. 원래 영화를 좋아하던 사람은 높아진 가격을 어느 정도 감수할 수 있으나 영화를 1년에 3~4번 보던 사람들은 횟수를 줄이거나, 개봉 첫 주에 영화를 보지 않고 영화평에 따라 영화를 보겠다고 생각할 수도 있기 때문이다. 영화업계에서 비용절감 외에 가격정책에 대해 좀더 냉정한 분석이 필요한 시점이다.

2장

정부 정책의 경제적 의미

시장경제체제는 기본적으로 정부의 개입이 없어도 상당한 효율성을 달성한다. 하지만 시장경제체제가 효율성을 달성하지 못할 때는 이를 높이기 위해 정부가 개입할 수 있다. 이 때문에 시장경제체제라 할지라도 정부가 상당한 역할을 수행해야 한다. 또한 효율성 외에 경제적 형평성을 달성하고 불평등이 심해지지 않도록 관리하는 것도 정부가 해야 하는 중요한 역할 중 하나이다. 2장에서는 정부를 중심에 놓고 정부의 역할을 살피면서 세금과 불평등, 그리고 몇 가지 경제정책 문제들에 대해서 알아본다. 이 문제들은 효율성과 형평성의 대립 문제와 연관되어 있기에 가치관에 따라 해석이 달라질 수 있는 여지가 있으므로 이 점을 염두에 두기 바란다.

세금은 꼭
내야 하는 걸까

　　현대사회에서 정부가 수행하는 역할은 매우 방대하다. 하지만 다른 부분은 제외하고 경제학적인 관점에서 말하면 효율성과 형평성으로 나눌 수 있다. 정부는 적절한 정책수행을 통해 한편으로는 효율성을 올릴 수도 있고 또 한편으로는 형평성을 올릴 수도 있다. 하지만 정부가 이러한 역할을 수행하기 위해서는 돈, 즉 세금이 있어야 한다.

효율성을 높이려면 어떻게 해야 할까

효율성은 국민들의 경제적 생활수준의 '총합'을 높이는 것이라 할 수 있다. 수치로 표현하면 GDP(국내총생산)를 높이는 일이다. 현대 경제의 주축을 이루는 시장경제체제는 시장을 통해서 상품을 자유롭게 거래하고 또 분배한다. 수요와 공급이 만나서 형성되는 가격을 기준으로 재화와 서비스가 거래되는 시장경제는 아주 높은 효율성을 가져온다는 것이 이론적으로나 역사적으로나 충분히 증명되었다.

그러나 시장경제가 효율성을 완벽하게 이끌어내려면 몇 가지 전제가 뒷받침되어야 하고, 그것이 충족되지 않으면 시장경제 역시 효율성 측면에서 손실을 가져온다. 시장경제의 효율성은 완전경쟁시장일 때 창출되며, 이것은 다수의 작은 기업으로 시장이 구성되어 있을 때 가능하다. 하지만 현대 산업의 특성상 독과점이 갈수록 많아지고 있고, 완전경쟁시장의 엄격한 조건을 갖춘 산업은 찾아보기 어렵다.

또한 재화나 서비스를 생산·소비·분배하는 과정에서 그 과정에 참여하지 않은 다른 사람에게 손해를 끼치거나 이익을 주는 경우(경제학 용어로는 '외부효과'라고 부른다)에도 시장경제의 효율성은 달성하지 못한다. 생산자와 소비자에게 발생하는 이익과 피해는 상호 간 거래 과정에 적절하게 반영되어 거래량과 가격을 변화시켜 효율성을 만족시킨다. 하지만 외부효과는 거래 과정에 반영되지 않기 때문에 비효율성이 발생한다. 대표적인 예시가 환경오염이다.

이러한 문제들은 시장경제가 자체적으로 해결할 수 없으므로 이른바 시장실패를 발생시킨다. 이때는 정부가 개입해야 한다. 정부는 어떤 것은 금지하고, 어떤 것은 감독하고, 어떤 것에는 세금을 부과하거나 보조금을 지급하면서 문제를 해결할 수 있다. 물론 정부의 개입으로 문제가 커질 수도 있지만, 그렇다고 해서 시장에 모든 것을 맡긴 채 방관하고 있을 수만은 없다.

형평성을 높이려면 어떻게 해야 할까

형평성은 분배와 관련 있다. 형평성에 대해서는 사람들마다 생각하는 것이 다를 것이다. 많은 사람이 더 많이 노력하고 더 좋은 성과를 거둔 사람이 더 많이 받는 것은 타당하므로 국민 모두가 똑같은 분배를 받는 것은 불공정하다는 것에 동의할 것이다.

하지만 '부'는 본인의 노력과도 관련 있지만, 부모의 능력과 재력 같은 가정환경, 행운 등 다양한 요인에 영향을 받기도 한다. 보유한 주식이나 가상화폐의 시세가 급상승해서 큰돈을 벌 수도 있고, 취직을 위해 열심히 노력했지만 경기가 안 좋아서 구직난을 겪을 수도 있다. 심지어 최근 연구에 따르면 노력을 견뎌내는 인내심grit도 부모에게 상당 부분 물려받는다고 한다. 게다가 시장경제는 이미 많은 돈을 버는 사람들이 더 많은 기회를 획득하고 재화를 구입하기에도 유리한 속성이 있다. 그러니 정부가 개입하지 않으면 불평등은 심화될 수밖에 없다.

그리고 시장경제 역시 경제체제 중 하나이므로 사람들의 선택에 따라서 무너질 수 있다. 시장경제에 반감을 가지는 사람들이 늘어난다면 이 경제체제는 유지될 수 없다. 불평등의 정도와 불평등에 따른 불편함을 감내할 수 있는지에 대해서는 사람마다 다르겠지만, 불평등이 심화된다면 사회는 불안정해지고 체제가 흔들릴 것이다.

근래에는 극좌 정치인이 아니더라도 일부 극우 정치인들조차 시장경제를 부정하고 있다. 이는 시장경제 붕괴의 징후일 수 있다. 실제로 경제학자들 역시 심화된 불평등이 자본주의 위기로 나타날 수 있다고 지적하고 있다. 그러니 국가가 안정적으로 발전하기 위해서, 지금의 시장경제체제가 더 설득력이 있으려면 형평성은 추구되어야 한다.

정부가 효율성을 높이기 위해서는 경제학적으로 정교하게 설계된 정책이 있으면 된다. 하지만 형평성은 어려운 문제다. 형평성을 위해서는 많은 경우 효율성이 어느 정도 희생되어야 하는데, 그 적정 수준을 놓고 사람마다 생각이 다르기 때문이다.

간단한 예를 살펴보자. 경제적 불평등을 줄이고 형평성을 확보하기 위해 가장 좋은 방법은 세금을 통해 재분배를 하는 것이다. 빈곤층에게는 기본적인 권리와 기회를 제공하고, 경제적 여유가 있는 부유한 사람에게는 세금을 더 내게 하는 것이다. 이를 통해 빈곤층을 구제하면서 불평등이 심해지는 것을 막고 형평성을 높일 수 있다.

그런데 이 방식은 효율성을 일부 희생해야 한다. 시장경제와 자본주의를 떠받치는 중요한 기둥이 사유재산이고, 재산을 모아서 더 높은 소비수준을 누리기 위한 개인의 노력은 시장경제가 유지되는 데 중요한 밑바탕이 된다. 개인의 소득에 세금이 붙는다면 돈을 많이 벌기 위해 열심히 일하려는 의지를 떨어뜨릴 것이다.

그러나 세금의 존재가 이것을 부정하는 것은 아니다. 많은 국가가 정부부문의 비중이 우리나라보다 더 높다. 우리나라 정부부문의 GDP 대비 비중은 40퍼센트에 미치지 못하지만, OECD 38개국 중 30개국 정도가 40퍼센트를 크게 상회한다. 정부부문의 비중이 늘어나려면 결국 어느 정도 높은 세율의 세금을 부과해야 한다.

형평성과 관련해 몇 가지는 확실하다. '파이를 완전하게 똑같이 나누는 것은 불공평하다' '불평등이 너무 심해지는 것도 사회적으로 좋지 않다' '형평성은 추구해야 할 가치가 맞다. 하지만 형평성을 추구하려면 효율성을 일부 희생해야 한다' 그런데 그러한 형평성을 어느 수준까지 추구해야 하는지에 대한 사람들의 생각은 모두 다르며 개인적 가치관이나 신념에 영향을 받는다. 그러므로 사회적 합의를 이루어내는 것이 매우 어렵다.

효율성과 형평성 중 무엇이 더 중요한지에 대한 정답은 없다. 그러나 나는 형평성을 높이기 위해 정부가 많이 개입해야 한다고 생각한다. 앞서 이야기했듯이 불평등이 심해지면 시장경제체제의 붕괴와 사회불안을 야기할 수 있기 때문에 이를 막기 위해서라도 형평성을 고려해야 한다. 그리고 소득이나 자산의 격차는 순수하게 본인의 능력만으로 획득한 것이 아니므로 얻은 이득 중 일부를 국가가 어려운 사람들에게 돌려주는 것은 정당한 측면이 있다.

그 밖에도 정부는 국방과 치안 유지를 비롯한 수많은 일을 해야 하는데, 그 일을 수행하기 위해서는 세금이 필요하다. 결국 세금은 경제적으로 여유로운 사람들에게 더 많이 걷을 수밖에 없다. 세금이 개인의 노력이나 의지를 저하시키는 부분이 있지만, 국가가 개인의 소득을 통제하거나 몰수하는 것이 아닌 이상 세금 자체가 사유재산을 붕괴시키는 것은 아니다.

감세정책의 위험성

정부가 제대로 기능하기 위해서는 세금이 핵심이다. 세금을 통해 직접적으로 형평성을 개선할 수 있으며, 효율성을 증진시키는 것을 포함해 정부의 중요한 기능들을 수행하는 데 들어가는 돈이 세금으로 마련되기 때문이다.

하지만 세금은 민간 부분 활성화에 악영향을 주는 측면도 있다. 소득세 외에 법인세는 기업의 투자 결정에도 나쁜 영향을 줄 가능성이 크다. 하지만 여기서부터는 '정도'를 놓고 비교해야 한다. 세금의 필요성을 고려했을 때 감세로 인한 이득보다 국가가 감당해야 할 사회적 비용이 더 크기 때문이다.

감세를 주장하는 사람들은 감세로 인해 경제가 활성화되면 정부 수입이 오히려 늘어난다고 말하지만, 세금이 기업들과 사람들의 경제활동에 단기적으로 주는 영향은 한정적이다. 낮은 세율이 정부 수입을 늘릴 정도로 높은 경제성장을 달성하는 것은 몇 년 만에는 불가능하다는 것이 대부분의 경제학자가 동의하는 바이다. 그래서 낮은 세율로 정부 수입을 빠르게 늘릴 수 있다는 '래퍼곡선Laffer Curve'이라는 개념은 이미 많은 경제학자가 부정하고 있다.

그리고 감세를 통해 글로벌기업을 유치하는 데에도 한계가 있다. 한 국가가 감세로 기업을 끌어들이면 다른 국가도 감세를 추진할 수 있고, 모든 국가가 감세를 펼치면 기업은 이득을 보지만 정부는 세금 조달에 어려움을 겪게 된다. 여러 국가가 글로벌 최저 법인세를 추진해 법인세를 너무 내리지 못하게 하려고 노력하는 것도 이 때문이다.

한편 세금은 거시경제적 영향을 미친다. 경제가 나빠질 때는 정부부문을 늘려서 (확장 재정) 경제를 떠받쳐준다. 이때 세금을 줄이거나 정부지출을 늘릴 수 있다. 다만 경기침체보다 인플레이션 위협이 더 클 때는 인플레이션을 더 악화시킬 수 있기 때문에 신중해야 한다. 2022년 영국의 리즈 트러스Liz Truss 총리가 감세를 추진하다가 사임한 까닭도 국가경제에 혼란을 일으켰기 때문이다.

정부는 경쟁 압력이 낮으므로 비효율적인 부분이 꾸준히 나타나게 된다. 정부에서 이런 비효율을 제거하기 위한 자체적인 노력은 계속되어야 한다. 하지만 기업의 구조개혁도 일정 부분 비율을 정해서 잘라가는 방식으로 하면 제대로 되기 어렵다. 뛰어난 인재가 기업을 이탈할 가능성이 높으며, 실적과는 무관한 위험 대비 업무나 안전 대비 업무 쪽에서 제일 먼저 균열이 발생하기 쉽다.

정부에서 감세를 목표로 해도 마찬가지 현상이 일어난다. 그러니 마음이 급하더라도 좀더 체계적으로 불필요한 부분을 줄여야 한다. 감세를 확정해놓은 뒤 각 부서에 금액을 줄이라고 하면, 결국 평소에 눈에 띄지 않는 안전 대비 사업이나 복지 관련 사업부터 축소될 가능성이 높아진다.

현대 사회와 경제에서 나타나는 많은 문제의 해답은 결국 정부에 달려 있다. 효율성을 증진시키고 형평성을 추구하며, 국민의 삶의 질을 향상시키고, 인구 감소와 노령화에 대비하고, 국민을 위험으로부터 보호하며 안전을 달성하기 위해서는 정부가 제 역할을 해야 한다. 그리고 거듭 강조하지만 정부가 제 역할을 하려면 세금이 있어야 한다. 정부를 믿을 수 없다고 해서 세금을 안 내거나, '작은 정부'를 추구한다면 그로 인한 피해는 고스란히 우리 모두에게 돌아올 것이다. 시장경제의 역할도 중요하지만 시장경제 내에서 정부의 역할도 매우 중요하다. 물론 큰 정부가 좋은 정부를 보장하지는 않는다. 하지만 작은 정부는 좋은 정부가 될 수 없다.

한국의 불평등은
어느 정도일까

앞에서 효율성과 형평성이 중요하다고 설명했다. 효율성은 GDP를 늘리는 일인데, 형평성은 어떻게 판단할 수 있을까? 불평등하다는 것은 무엇을 의미할까? 그리고 불평등은 불평등한 정도를 가리키는데, 어느 정도가 사람들의 능력 차이를 반영한 적당한 수준인지, 아니면 심각한 수준인지 어떻게 판단할 수 있을까? 불평등 역시 경제학자들의 중요한 연구 주제이다. 지금부터 이 부분에 대해서 살펴보자.

빈곤 문제와 불평등 문제

불평등 문제를 살펴볼 때 가장 먼저 주의해야 할 것은 빈곤 문제와 불평등 문제를 구분하는 것이다. 2가지는 밀접한 관련이 있지만 엄밀한 의미에서 다르다. 빈곤 문제 혹은 절대적 빈곤 문제는 절대적 수준에서 가난한 사람들이 많아서 생기는 문제를 의미하고, 불평등 문제 혹은 상대적 빈곤 문제는 부유한 사람들과 가난한 사람들의 격차가 심해서 발생하는 문제를 의미한다.

예를 들어 가난한 사람들이 가난에서 어느 정도 벗어나면 빈곤 문제와 불평등 문제는 모두 개선된다. 반대로 부유한 사람들의 소득 증가가 빈곤 문제에 영향을 미치는 부분은 별로 없지만 불평등 문제는 더 심각해진다. 정부가 빈곤층에게 대한 보조금을 강화한다면 빈곤 문제 해결에 도움도 되고 불평등도 감소한다. 그런데 이 과정에서 정부가 의도적으로 부유한 사람들에게 세금을 더 거둔다면 불평등 문제를 좀더 적극적으로 해결하려는 의지가 투영된 것이라 해석할 수도 있다.

물론 이 2가지 문제를 반드시 분리해서 생각할 필요는 없다. 많은 연구가 불평등의 악영향을 이야기할 때 범죄율 증가와 수명 단축 등 빈곤의 악영향도 함께 포함할 때가 많고, 조사 과정에서 빈곤 문제와 불평등 문제를 분리해서 해석하는 것도 쉽지 않기 때문이다.

한편에서는 더 나아가 빈곤이 문제이지 불평등은 문제가 아니라고 하지만, 불평등이 심해지면 사회계층 이동성이 낮아져 부유층과 빈곤층의 간극은 더 벌어지고 사회적으로 불만이 높아져 정치적인 불안정도 심해진다. 부유층의 고소득에 대해 사람들이 부당하다고 느끼게 되고 이 과정에서 사람들 간에 충돌이 더 심해진다. 이러한 사람들의 불만은 시장경제 및 자본주의 체제 자체에 불안정을 가져오기 때문에 불평등도 반드시 어느 정도는 통제되어야 한다.

여러 가지 불평등

형평성 문제를 생각할 때 고려해야 할 것들이 몇 가지 있다. 먼저 기업 혹은 자본, 그리고 노동자 간의 관계를 감안해야 한다. 한 나라의 경제 시스템은 기업이 재화를 생산하고 노동자를 고용하며 가계가 재화를 소비하고 노동력과 자본을 기업에 제공하면서 작동한다. 그러므로 활발한 기업활동은 국가 전반적인 경제 발전에 필수적이다. 하지만 한편에서는 기업들만 배를 불리고 자본이 이익을 가져가며 노동자는 빈곤해지고 있다고 문제를 제기한다. 그러나 이 문제는 여기서는 넘어가고 가계 간에 발생하는 불평등을 중점적으로 생각해보자.

또한 소득 불평등과 자산 불평등 문제도 구분할 필요가 있다.

소득은 노동의 대가인 임금이나 이미 가진 자산을 투자해 얻는 금융소득과 이자소득을 의미하며, 자산은 보유하고 있는 주식과 부동산 등의 가치를 의미한다. 소득이 많은 사람이 소비를 줄이면 그 돈으로 저축하거나 자산을 구입하기 쉬워지므로 자산도 늘어나는 경우가 많다.

다만 소득과 자산은 깊은 관련이 있음에도 서로 같지는 않다. 예컨대 사회활동을 갓 시작한 사회 초년생은 아무래도 자산이 적을 수밖에 없고, 돈을 많이 벌고 은퇴한 사람은 자산은 많지만 소득이 별로 없다. 또한 자산 보유 여부는 소득보다 더 파악하기 어렵다는 특징도 있다. 그래서 사람들은 자산 불평등에도 관심을 가지지만 좀더 정확하게 집계되는 소득 불평등에 더 주목한다.

한편 불평등이 어떠한 단위로 발생하는지에 대한 연구들도 많이 있다. 예를 들어 학력에 따른 임금격차, 젠더에 따른 임금격차, 세대 내 불평등과 세대 간 불평등의 차이에 대한 확인 역시 중요한 연구에 해당한다. 수도권에 많은 기능이 집중된 우리나라는 수도권과 그 외 지역의 격차 역시 불평등 범주에 넣을 수 있다.

불평등은 어떻게 측정할 수 있을까

불평등은 수많은 사람의 분포로 구성되어 있기 때문에 어느 부분에 중점을 두느냐에 따라 다양한 숫자로 표현할 수 있다. 이 글에서는 편의상 소득을 중심으로 기술했지만, 자산에 대해서도 똑같은 해석이 가능하다.

우선 10분위 분배율은 하위 40퍼센트의 소득 총합을 상위 20퍼센트의 소득 총합으로 나눈 비율을 의미하며, 불평등이 심할수록 10분위 분배율은 감소한다. 그리고 더 단순하게 상위 20퍼센트, 상위 10퍼센트 혹은 상위 1퍼센트가 전체에서 차지하는 비율을 구하기도 한다. 즉 상위 10퍼센트의 소득이 너무 많다고 생각하는지, 상위 1퍼센트의 소득이 너무 많다고 생각하는지에 대한 사람들의 관심에 따라서 서로 다른 소득분배 지수로 표현하는 것이다.

그리고 로렌츠곡선과 지니계수는 소득 분포를 통해 불평등을 측정한다. 소득이 집중되어 있다면 곡선이 오목한 모양을 띠고, 소득이 균등하다면 곡선이 평평해지는 것을 이용해 면적의 비율로 지니계수를 구하며 불평등이 심할수록 지니계수는 커진다. 또한 소득 자료의 평균이 아닌 중앙값을 이용해 중산층이 전체에서 차지하는 비율을 구하기도 한다.

또한 자료 측정 방식을 놓고 벌어지는 논란이 있다. 그동안 일반적인 방법은 가계조사 방식으로, 일정한 표본을 대상으로 소득 자료를 확보해 전체 분포를 추정해 불평등 통계 및 지니계수를 계산하는 경우가 많았다. 하지만 최근 경제학자 토마 피케티Thomas Piketty를 중심으로 한 여러 학자가 가계조사 방식의 한계점을 지적하면서, 소득세 과세자료를 이용해 소득 불평등을 측정하기 시작했다. 소득세 과세자료는 사실상 전수조사에 가깝기 때문에 상위 1퍼센트, 상위 0.1퍼센트, 상위 0.01퍼센트와 같은 극히 일부 최상위 소득자에 대한 정보가 상당히 정확해 이에 해당하는 불평등을 비교적 정확하게 측정할 수 있다는 장점이 있다.

한편 우리나라는 세금 보고가 가구가 아니라 개인 단위로 이루어지기 때문에 사람들이 직접 체감하는 가구 단위의 소득 불평등과 차이가 발생한다. 가구도 1인 가구와 다인 가구가 있고, 가구마다 소득원이 있는 사람이 1명일 수도 있고 여러 명일 수도 있기에 개인 단위 소득 불평등과 가구 단위 소득 불평등을 정확히 알기 어렵다. 그래서 자료를 가공하는 과정에서 어떤 방식이 적합한지에 대한 논쟁도 일어나기도 한다. 게다가 조사 과정에서 집계되지 않는 소득이 존재할 수 있고 이 때문에 통계 자체를 믿기 어렵다는 의견도 일부 존재한다. 또한 정부가 자료를 폭넓게 공개하고 있지 않아서 발생하는 논란들도 있다.

우리나라는 불평등이 심할까

그렇다면 우리나라의 불평등은 어느 정도일까? 정확하게 말하기는 어렵다. 지금까지 설명한 것처럼 불평등을 확인하는 기준이 여러 가지이고, 어떻게 측정하느냐에 따라서 불평등 순위도 다르게 나타나기 때문이다. 국제 비교 자료 중 OECD 자료는 표본자료에 행정자료를 보완한 형태이고, 피케티 교수를 축으로 해서 국제 불평등 자료를 발표하는 세계불평등데이터베이스WID, World Income Database는 과세자료를 기준으로 한다.

우리나라는 OECD 38개국 회원국 가운데 소득 불평등이 10번째에서 12번째 정도로 좋지 않은 편에 속한다. 남미 국가들과 비교하면 불평등의 정도가 덜하지만, 유럽 국가들과 비교하면 불평등이 심하다는 것을 알 수 있다.

우리나라가 전 세계 불평등 지수 1위라는 말도 있지만, 이에 대해 신뢰할 만한 통계자료는 없다. WID가 만들어진 초창기에는 조사 가능한 국가의 수가 매우 적어 우리나라가 2위 또는 4위를 기록한 적 있지만, 지금은 많은 국가의 자료가 제공되고 있고 개발도상국 상당수는 우리나라보다 불평등이 더 심각한 것으로 나타난다. 그렇기에 우리나라의 불평등 지수가 전 세계에서 제일 심한 수준은 아니라는 것이 중론이지만, 이 문제는 현재도 논쟁 중이므로 정확한 결론을 말하기 어렵다. 그러므로 한 조사 결과만 맹신해 다른 조사 결과는 틀렸다고 단정하지 말고 다양한 자료를 참고하거나 이 문제에 오래도록 천착해온 전문가들의 의견에 좀더 귀를 기울일 필요가 있다.

최저임금:
학문적 접근과 가치관적 접근

경제학과 관련해 대중이 오해하는 것 중 하나가 '경제학자들은 최저임금제도를 싫어한다'는 것이다. 1992년 조사에서는 최저임금제도가 젊은 비숙련 근로자들의 실업률을 높인다는 것에 동의하는 사람이 79퍼센트로 나타났지만, 2013년 이후에 진행한 설문조사를 보면 최저임금제도에 대해 호의적인 경제학자들이 상당히 많아졌다는 것을 알 수 있다.

2013년에 시카고대학교에서 실시한 설문조사를 살펴보자. '연방 최저임금 7.5달러를 9달러로 올리는 것이 저숙련층의 취업을 힘들게 할 것이다'는 주장에 찬성하는 비율은 40퍼센트, 반대는 38퍼센트, 불확실하다고 보는 사람이 22퍼센트였다. 최저임금 문제는 학자들 사이에서도 첨예한 논쟁이 오가는 주제로 아직까지 명확한 답을 찾지 못했다.

최저임금 문제는 상당히 복잡하며, 이론적인 간단한 분석으로는 놓치는 것이 많고, 최신 연구들이 계속 나오고 있어 지금도 논쟁이 치열하다. 그 내용들을 짧은 글에 다루기에는 어려움이 많다. 여기서는 그래도 놓칠 수 없는 핵심적인 부분들 위주로 최대한 간단하게 알아보자.

최저임금의 이론적·실증적 분석

최저임금제도는 노동자들의 시간당 임금을 법으로 정해놓은 수준보다 낮게 주는 것을 금지하는 제도이다. 이 제도의 대표적인 장점은 저소득 노동자들의 소득을 올려서 빈곤과 불평등 감소에 기여한다는 점이다. 반대로 최저임금을 비판하는 제일 중요한 논리 중 하나는 오히려 저소득 노동자들의 취업을 어렵게 만들 수 있다는 것이다. 최저임금 인상이 인플레이션을 심화시킨다는 주장이나, 최저임금 인상을 통해 저소득층 소득이 올라가면 경제성장에 기여한다는 논리에 동의하는 학자들은 많지 않다. 그러므로 최저임금제도가 저소득 노동자들에 미치는 영향에 집중해 생각해보자.

일단 수요와 공급 측면에서 살펴보자. 시장경제에서 노동은 임대 가능한 하나의 상품으로, 일정 시간 동안 노동력을 사용하고 그에 대한 대가를 지불하려는 기업은 노동의 수요 측이 되고, 노동을 제공하고 대가를 받으려는 노동자는 노동의 공급 측이 된다. 그리고 수요와 공급이 만나는 곳에서 균형 임금이 형성될 것이다. 최저임금을 통해 임금이 올라가면 그만큼 기업은 노동자에게 더 많은 비용을 지출해야 하므로 그 비용을 줄이기 위해 노동자를 덜 고용하려고 할 것이라고 추측할 수 있다. 결과적으로 최저임금이 노동 수요를 줄이고 실업자를 늘린다는 것이 최저임금에 대한 이론적인 추론이다.

그렇다면 실제로도 그러한 결과가 나타날까? 2021년에 노벨 경제학상을 받은 데이비드 카드David Card와 고故 앨런 크루거Alan Krueger는 1992년 미국 뉴저지주에서 최저임금을 4.25달러에서 5.05달러로 인상했을 때, 이웃한 펜실베이니아주에서는 최저임금 인상이 없었다는 것을 이용해, 수입품과 경쟁할 필요가 없고 저숙련 노동자를 고용하는 패스트푸드 업체들의 고용량을 분석했다. 그 결과 최저임금 인상이 일자리 감소를 일으키지 않는다는 것이 나타났다. 이 연구를 시작으로 수많은 실증분석 연구가 이루어졌고, 적어도 '크지 않은 수준'의 최저임금 인상은 '단기적으로는' 일자리 감소를 일으키지 않는다고 생각하는 경제학자들이 많아졌다.

이론적인 가설이 실제 데이터 분석에서 부정되었다면 이론적으로 다시 설명하는 작업이 필요하다. 먼저 최저임금제도는 저소득층에만 영향을 주기 때문에 이미 높은 임금을 받고 있던 사람들에게 주는 영향은 상당히 낮다. 다만 우리나라에서는 직무보다 경력에 따라 임금을 결정하므로 최저임금제가 주는 영향이 더 크다는 주장도 있다.

또한 임금은 수요와 공급에도 영향을 받지만 그 외에 다양한 요인들에도 영향을 받는다. 예컨대 고소득자와 저소득자가 있고, 정규직과 비정규직이 있다. 또 최저임금의 영향을 많이 받는 저소득자들의 특성도 다양하다. 그러니 최저임금을 올려도 이에 영향을 받는 노동자들은 생각보다 상당히 적을 수 있다.

게다가 최근에는 임금이 노동자와 기업 간의 '수요 공급의 원리'보다는 '기업의 우위'에 의해 정해지며, 기업의 수요 독점력이 영향을 준다는 연구도 있다. 한 연구에 따르면 미국 제조업에서 노동자의 한계생산가치가 노동자의 임금보다 53퍼센트 높으므로 기업이 노동자들의 생산 기여분의 65퍼센트만 임금으로 지불하고 있다는 것이 밝혀졌다. 기업이 어느 정도 더 높은 임금을 노동자들에게 제공할 여유가 있고 이 때문에 최저임금이 올라도 당장 필요한 인력을 줄이지는 않는다는 것이다.

효율성과 형평성의 가치관 문제로 본 최저임금

최저임금 문제는 효율성과 형평성의 대립 구도로도 이해할 수 있다. 최저임금의 상승으로 실업자들이 어느 정도 늘어난다면 경제 전체의 총생산도 감소한다. 하지만 최저임금의 상승으로 저임금 노동자들의 소득이 충분히 증가한다면 이는 형평성을 끌어올린다.

조금 극단적인 가정이지만 최저임금을 2배로 올리는 과정에서 일자리가 1퍼센트 감소했다면 이 상황은 어떻게 해석해야 할까? 일자리가 줄어들었지만 형평성은 크게 개선되었을 것이고, 사람들에게 세금을 좀더 거두어 일자리를 잃은 사람을 도와준다면 저소득층의 피해도 줄일 수 있을 것이라 기대할 수 있다. 다시 말해 최저임금 인상의 피해를 다른 형태로 보완하면 충분하다는 것이다.

그래서 최저임금 인상을 지지하는 측의 주장은 둘로 나눌 수 있다. 하나는 최저임금 인상의 피해 자체가 크지 않다는 것이고, 다른 하나는 피해가 있기는 하지만 최저임금 인상에 따른 이득이 더 크다는 것이다. 앞서 이야기한 시카고대학교 설문조사도 이러한 의견을 반영했을 때 최저임금 인상을 지지하는 사람이 62퍼센트로 더 크게 늘었다. 즉 최저임금 인상 문제는 저소득 노동자에게 주는 피해 문제와 함께 형평성이 얼마나 중요한지에 대한 가치관 문제도 결부되어 있다.

　지금까지 최저임금에 대한 비교적 긍정적인 입장을 살펴보았지만, 이들의 주장이 항상 옳은 것은 아니다. 먼저 문재인 정부 때 최저임금이 2017년 6,470원에서 2019년 8,350원으로 비교적 단기간에 상당히 많이 상승했다. 그러니 그 결과로 고용에 악영향을 끼칠 수 있다는 최저임금 인상 반대 측의 주장도 어느 정도 일리 있다. 또한 최저임금 인상을 주장할 때 과학적 근거가 아닌 당위성만을 강조하기도 한다. 인상하는 것이 '정당하다'는 말만 반복하거나 감정에 호소하는 태도는 '최저임금을 올려서 일자리가 감소하면 저소득층이 피해를 본다'는 주장에 너무나도 쉽게 반박된다.

　그리고 최저임금 인상이 아니더라도 불평등을 줄이기 위한 다양한 정책조합이 가능하다. 일반적인 국민복지를 늘리거나, 실업보험을 확대하거나, 근로장려금 지급 등으로도 불평등을 줄여나갈 수 있다. 비록 이 방법들은 정부의 세금이 투입된다는 단점이 있지만 최저임금의 한계점을 보완해준다. 따라서 무조건 최저임금을 올려야 한다는 주장보다는 불평등 축소를 목표로 여러 가지 정책조합을 생각해보고 그중에서 어떤 방법이 현실적이고 실질적인 도움을 줄 수 있는지 등을 고민하는 접근이 더 중요하다.

　나는 최저임금에 대해 비교적 유보적인 입장을 갖고 있다. 그럼에도 최저임금 문제를 긍정적으로 생각해볼 필요가 있다고 보는데, 왜냐하면 '경제학자들은 최저임금제도를 싫어한다'는 대중의 잘못된 인식이 꽤 있기 때문이다. 이미 설명한 것처럼 유수의 미국 경제학자들이라고 하더라도 최저임금에 대한 의견이 저마다 다르고, 때로는 최저임금 인상을 지지하는 경우가 더 많이 나타나기도 한다. 최저임금을 인상하더라도 일자리가 감소되지 않는다는 사실을 발견한 사람이 노벨경제학상을 받기도 했고, 최저임금 인상에 호의적인 학자들 중에는 주류경제학 내에서 유명한 경제학자들도 매우 많다. 경제학이 우파들의 학문이라는 편견이 퍼져 있지만, 실제로는 불평등 문제나 형평성 문제에 관심을 기울이는 주류경제학자들도 매우 많다. 이러한 부분은 최저임금과 관련된 논쟁에서 잘 드러난다.

나는 빈곤 해결, 불평등 완화와 같은 부분에 관심이 많을수록 더욱더 경제학을 받아들여야 한다고 생각한다. 현대사회의 경제체제를 제일 잘 설명하는 학문이 경제학이며, 경제학에 근거할 때 어떻게 해야 사람들을 더 행복하게 하면서 형평성을 확보할 것인지 제일 좋은 대안을 내놓을 수 있기 때문이다. 실제로 많은 학자가 그러한 길을 가고 있다. 다만 우리나라에 조금 덜 알려졌을 뿐이다.

덧붙여 여론을 이끄는 언론들과 정치인들의 노력도 필요하다. 이들부터 더 다양한 전문가들에게 의견을 구해 감정적 설득 외에 논리적 탄탄함이 뒷받침된 주장을 할 수 있어야 한다. 일부 정치인들은 2017년 대통령 선거 당시에는 최저임금을 최대한 빨리 1만 원으로 올려야 한다고 공약으로 주장하다가 야당이 되자 1년 만에 대국민 사과를 하면서 그 공약을 취소하기도 했다. 중요한 정책 공약이 정치적 분위기나 정치적 이해득실에 좌우되어서는 안 된다. 아직은 나아갈 길이 멀지만, 우리 사회의 여론 형성이 더 높은 수준으로 진일보하기를 바란다.

기본소득은
실현 가능할까

앞에서 최저임금에 대해 호의적인 경제학자들이 많다는 이야기를 했다. 반면 대중의 관심을 많이 받고 있지만 대부분의 경제학자가 강하게 반대하는 정책도 있다. 바로 '기본소득'이다. 2023년 지금으로서도 기본소득을 찬성하는 경제학자들을 주류경제학 내에서 찾아보기 어렵다.

최저임금을 둘러싼 입장도 간단하게 정리하는 게 쉽지 않지만, 최저임금은 효율성과 형평성에 대한 가치관 문제와 맞물려 있기 때문에 그 입장 차이가 어느 정도 뚜렷한 편이다. 하지만 기본소득은 효율성과 형평성의 이분법적인 잣대로 접근해서는 안 된다.

흔히 좌파적 가치관과 우파적 가치관이라는 말을 쓴다. 좌파적 가치관은 불평등과 빈곤을 줄이는 것을 중요하게 생각하고, 큰 정부를 선호한다. 반대로 우파적 가치관은 불평등과 빈곤을 줄이는 것보다는 효율성을 더 중요하게 생각하고, 작은 정부를 선호한다. 그런데 기본소득과 관련해서는 이 구도가 깨진다.

먼저 기본소득에 대한 정의부터 짚고 넘어가자. 기본소득은 '전 국민 모두'에게 '주기적으로' 일정한 금액을 지급하는 것이다. 코로나19와 같은 특수한 상황에서 전 국민에게 재난지원금을 지급하는 것은 기본소득이 아니며, 아동 대상 지원금, 노인 대상 지원금, 청년 대상 지원금, 농민 대상 지원금 등도 기본소득과 일부 연관성이 있지만 엄밀히 말해서 기본소득은 아니다.

전 국민 재난지원금은 찬성하면서 기본소득을 매년 혹은 매월 제공하는 것은 반대하는 사람들도 많고, 지금도 진행 중인 무상 급식, 아동수당, 노인수당은 찬성하지만 기본소득은 반대하는 사람들도 매우 많기 때문에 이것들을 구분해야 한다.

기본소득에 대한 2가지 입장

기본소득을 주장하는 사람들의 논리는 2가지로 나뉜다. 첫 번째는 기존의 복지 체계를 유지하면서 기본소득을 추가하자는 것이다. 기존 복지 체계의 사각지대에서 빈곤에 시달리는 사람들이 있기에 전 국민 기본소득을 통해 이 문제를 해결하자는 논리이다. 이 주장에 따르면 불평등을 줄여나갈 수 있지만, 기본소득을 지급하기 위해 새로운 재원을 마련해야 한다.

두 번째는 기존의 복지 체계를 기본소득으로 대체하자는 것이다. 왜냐하면 기존 복지 체계 선별 및 집행 과정에서 많은 공무원이 투입되기 때문에 비용이 많이 드는데, 이 비용을 기본소득으로 지급하면 선별 및 집행 과정에서 공무원 조직의 필요성이 크게 낮아지므로 조직을 축소하면 재원이 마련된다는 것이 요지다. 이 주장은 불평등을 줄이는 것에는 큰 관심이 없으며, 작은 정부를 선호한다.

기본소득을 둘러싼 두 입장은 매우 다르다. 전자는 좌파적 논리에 가깝고, 후자는 우파적 논리에 가깝다. 그렇지만 두 입장 모두 정부가 선별 복지를 체계적으로 추진할 능력이 없다는 데에는 동의한다. 좌파적 기본소득에 대한 제일 간명한 반박은 "정부가 세금을 더 걷은 뒤 그 돈으로 기본소득이 아닌 선별 복지를 더 강화하면 되지 않느냐"는 것이다. 일반적으로 불평등 해결이 중요하다고 말하는 사람들은 좌파에 속하며, 좌파는 보통 큰 정부를 선호한다. 그런데 기본소득을 주장하는 사람들은 세금을 많이 걷어야 한다고 생각하면서도 정부가 가난하고 정부의 도움이 필요한 사람과 그렇지 않은 사람을 구분할 능력이 없다고 생각한다. 정부의 선별 기능을 신뢰하지 않는 것이다.

기본소득, 그 돈을 마련할 방법이 없다

이제 본격적으로 기본소득 논의의 문제점을 지적할 수 있다. 기본소득과 관련해 여러 가지 문제점이 있지만, 핵심적인 것은 2가지다. 첫 번째는 재원 조달의 문제점이다. 좌파적 기본소득은 기존 복지 체계에다가 기본소득을 추가하자고 하는 것이다. 우리나라 인구수가 대략 5천만 명이라고 했을 때, 이들에게 연 100만 원을 지급한다고 하면 1년에 50조 원이 들어간다. 2022년 정부 총지출 예산안이 607조 원임을 고려하면 상당한 금액이다. 매년 50조 원을 추가로 거두는 것은 엄청난 일이므로 매우 신중해야 한다. 동시에 한편으로는 그런데도 연 100만 원밖에 안 된다. 국민들이 유용하게 쓰기에는 부족한 금액이라는 것이다. 기본소득 액수를 줄이면 예산을 충당하기 위한 부담은 줄어들지만 기본소득의 의미는 더 무의미해지며, 기본소득 액수를 유의미하게 늘리면 지금도 엄청난 예산의 부담이 더 커진다.

2022년 예산안에서 전체 국세 수입이 343조 원을 차지한다. 이 중 기업이 부담하는 전체 법인세 세입이 75조 원이고, 세금이 너무 높다는 논란이 있는 전체 종부세 세입이 7조 4천억 원이다. 여기에 기본소득을 위해 해마다 50조 원을 세금으로 거두는 일은 경제와 사회에 엄청난 충격을 가할 수밖에 없다. 탄소중립세와 국토보유세 등으로 해결할 수 있는 수준이 아니다.

돈이 없으면 돈을 찍어내면 된다고 생각하는 사람들도 있겠지만, 이 방법은 인플레이션을 크게 발생시켜서 경제에 큰 혼란을 줄 수 있다. 튀르키예와 아르헨티나처럼 화폐가치 관리에 실패할 수도 있다. 세금이 아닌 돈을 찍어내는 방법으로 기본소득을 도입할 경우 2023년 현재 우리나라가 겪는 인플레이션보다 훨씬 심한 인플레이션이 발생할 수 있다.

두 번째 문제점은 정부의 선별 능력에 대한 것이다. 나는 첫 번째 문제점도 제대로 해결하지 못한다고 생각하지만, 만약 이 문제를 어찌어찌 해결한다고 해도 "그 돈을, 전 국민에게 똑같이 나누어주지 말고, 가난하고 힘든 사람들에게 더 나누어주면 되지 않느냐"며 반박당할 수 있다. 저소득층에게, 장애인들에게, 실업자들에게, 반지하에 사는 사람들에게, 아동과 노인들에게 더 많은 돈을 주는 것이 더 낫다는 것이다. 기본소득을 주장하는 사람들은 정부가 앞서 예시로 든 사회적 약자들을 선별해낼 수 없다고 이야기한다. 하지만 그렇지 않다. 기존의 대부분의 복지 시스템은 비교적 효율적으로 더 어려운 사람들을 판별하고 그들을 돕고 있다. 한편 이러한 문제점을 지적하는 사람들은 그들을 선별하는 과정에서 혜택을 받지 못하는 사람들과 사회적 충돌이 생긴다고 말한다. 하지만 선별 및 정책 결정에 대한 사회적 합의 도출은 정부가 기본적으로 해야 하고 할 수 있는 일이다.

물론 복지 시스템으로 미처 발견하지 못하는 사람들도 있으므로, 기본소득은 그런 사람들을 도울 수 있다는 장점이 있다. 그러나 그 이점에 비해 투입해야 할 비용은 말 그대로 천문학적인 액수다. 교통사고로 인한 사망자를 줄이는 제일 쉬운 방법은 자가용을 타고 다니지 못하게 하는 것이다. 기본소득을 주장하는 사람들은 교통사고를 없애기 위해서 자가용을 금지하자는 사람들과 근본적으로 동일하다.

경제학자들이 기본소득을 반대하는 이유

기본소득 반대 논리가 비교적 탄탄해서인지 주류경제학자들 중에서 보편적인 기본소득을 찬성하는 사람은 찾아보기 어렵다. 우파적 기본소득을 주장하는 경제학자들이 드물게 있지만, 좌파적 기본소득을 주장하는 유명 주류경제학자들은 거의 없다.

빈곤 분야의 대표적인 경제학자이자 2019년 노벨경제학상 수상자인 아브히지트 바네르지Abhijit Banerjee MIT 교수 또한 정부의 선별 능력이 떨어지는 개발도상국은 기본소득이 도움이 될 수 있겠지만, 우리나라와 같은 선진국은 선별 능력이 충분하다고 밝혔다. 게다가 기본소득을 찬성하는 쪽에서는 사람들이 가난한 이들을 돕기 위한 세금을 내는 것을 싫어하기 때문에 기본소득 형식으로 일부를 돌려주면서 세금을 늘리면 된다고 이야기한다. 하지만 기본소득은 불충분한 반면 늘려야 하는 세금은 막대하기 때문에 그것만으로 조세 저항을 줄일 수 있다는 주장은 타당하지 않다. 또한 기본소득은 기존의 다른 선별 복지 시스템에 대한 지지를 낮출 가능성도 있다. 기본소득 주장 자체가 정부의 선별 능력에 대한 불신을 포함하고 있으므로 좌파적 기본소득을 주장하는 논리들 중 상당수는 기존 복지를 해체하는, 그리고 정부 자체를 불신하는 우파적 기본소득의 논리로 그대로 이어질 가능성이 크다.

이제 앞에서 예로 들었던 다른 소득 지원 제도와 기본소득 제도가 다르다는 것도 설명이 가능하다. 재난지원금은 최대한 빠르게 나누어줄 필요가 있고 일회성이기 때문에 전 국민에게 지원해야 한다는 주장이 일리 있었지만, 기본소득처럼 매년 거액의 금액을 나누어주는 것은 규모가 완전히 다르다. 또한 재난지원금이 경기부양의 성격을 띠는 것과 다르게 경기가 좋을 때 기본소득과 같은 많은 금액을 나누어주는 것은 경기부양책으로서의 효과가 거의 없다.

무상급식이나 아동수당은 취약계층 보호 및 양육비 지원이라는 일정한 목적이 있는 것이므로 이 역시 기본소득과 다르다. 상대적으로 소액으로 사업을 집행할 때 선별이 어려운 경우 그 과정에서 더 큰 비용이 소요될 수 있기 때문에 전체에게 지급하는 것이 비용을 더 절감할 수 있을 때도 많다. 하지만 기본소득은 무상급식이나 아동수당과 차원이 다른 대규모 금액의 문제이다.

기본소득을 주장하는 또 다른 논리로 기술의 엄청난 발전으로 일자리가 사라지고 있기 때문에 일을 하지 못할 경우를 대비해 기본소득의 형태로 돈을 지급해야 한다는 것이 있다. 그러나 기술과 로봇이 그만큼 발전하려면 아직도 시간이 더 필요하며, 그 점을 고려하더라도 여전히 부자증세와 빈곤층 보조가 먼저이고 기본소득은 답이 되지 못한다.

　현행 복지 시스템에 취약한 부분이 있어 여전히 빈곤한 사람들을 세밀하게 챙겨주지 못하고 있는 것은 사실이다. 하지만 정부가 추구해야 할 방향은 적절한 부자증세를 하고 큰 정부를 만들어서 사회안전망을 더 촘촘하게 만드는 일이지, 전 세계에서 아직 아무도 제대로 시도해보지 않은 길을 가는 것이 아니다.

돌고래를 보호하는
경제학

　　2022년 8월, 엄청난 인기를 얻은 EnA 드라마 〈이상한 변호사 우영우〉가 종료되었다. 드라마에서 강조한 포인트들이 여러 가지 있었는데 그중 하나가 '고래'였다. 주인공 우영우는 고래를 좋아해 고래에 관한 모든 정보를 다 기억하고 있으며, 극중에서 결정적인 순간마다 고래가 등장한다.

　　우영우는 고래를 좋아하는 것에 그치지 않고 고래를 위해 행동도 한다. 고래에게 수족관은 감옥이라고 이야기하면서 돌고래를 방류하라며 플래카드를 만들어 시위하기도 한다. 하지만 드라마가 인기를 얻으면서 오히려 돌고래를 보기 위해 보트 관광에 나서는 사람들이 많아지면서 문제가 되었다.

극중에서 우영우는 망원경으로 돌고래를 관찰한다. 보트를 타고 바다로 나가서 돌고래를 볼 수도 있지만 그러지 않는다. 왜냐하면 사실상 이 방식은 돌고래 서식지에 사람들이 들어가는 것으로 돌고래를 위협하는 것이기 때문이다. 실제로 보트 관광 때문에 돌고래의 지느러미가 잘린 사건도 있었다.

이 문제와 제일 비슷한 경제문제는 경제학원론에도 나오는 '공유지의 비극'이다. 공유지의 비극 문제는 자연자원 내지는 사유재산이 아닌 자원이 과도하게 사용되면서 피해를 입고 손상되거나 고갈되는 문제를 말한다.

예를 들어 어떤 마을 뒤에 풀밭이 있다고 가정해보자. 이 풀밭은 마을 사람 모두가 자유롭게 이용할 수 있으며, 주로 양을 풀어놓는다. 즉 풀밭은 '사유재산'이 아닌 '공유지'인 상태. 양들을 적당히 풀어놓으면 풀밭은 보존이 가능하다. 하지만 양들이 많아지면 풀밭은 훼손된다. 문제는 마을 사람들이 풀밭에 양을 너무 많이 데려갔을 때 발생한다. 그들에게 중요한 것은 양을 키우는 것이지, 풀밭을 보존하는 것이 아니다. 시간이 갈수록 풀밭을 이용하는 양의 숫자는 늘어가지만, 풀밭은 공유지이기 때문에 그 누구도 나서서 보존하려고 하지 않는다. 그 결과, 풀밭은 차차 훼손되어 황무지가 되어버린다. 목초지라는 자원이 사라진 것이다. 이와 같이 공유지의 비극은 정부의 개입 없이 경제가 돌아가고 사람들이 자기의 이익만을 극대화하려고 할 때 사회적으로 피해가 발생하는 사례이다.

돌고래의 서식지인 바다와 앞에서 예로 든 풀밭은 일정 부분 비슷한 특징이 있다. 모두 주인이 없으며, 너무 많은 사람이 이용하면 문제가 생긴다는 점이다. 그러면 이 문제는 어떻게 해결할 수 있을까?

공유지의 비극은 어떻게 해결할 수 있을까

제일 먼저 생각할 수 있는 방법은 의외일 수 있다. 바로 사유재산을 분명하게 하는 것이다. 앞에서 말한 것처럼 공유지는 책임지는 사람이 아무도 없는 땅이다. 그런데 공유지를 마을 사람들에게 분배해서 사유지로 만들면 문제를 해결할 수 있다.

공유지일 때는 마을 사람들 모두 목초를 사용하는 것에 관심이 있었다면, 사유지가 되면 그 땅에서 목초를 계속 생산해 땅의 가치를 유지하는 것에 관심을 둘 것이다. 그래야 지속적으로 목초를 얻고, 누군가에게 판매하거나 상속할 수도 있기 때문이다. 또한 그렇게 되면 무엇보다 정부가 나서서 단속하지 않아도 상당 부분의 문제를 해결할 수 있다.

『맨큐의 경제학원론』의 저자 그레고리 맨큐Gregory N. Mankiw는 이것을 코끼리와 소를 비교해 설명한다. 코끼리와 소 모두 인간에게 유용한 동물이지만, 코끼리는 멸종위기인 반면 소는 그렇지 않다. 이것은 결국 코끼리는 야생동물이고 소는 가축이 되었기 때문에, 즉 코끼리는 공유자원으로 남아 있지만 소는 사유재산이기 때문에 그렇다는 것이다.

문제는 사유재산으로 만드는 방법이 항상 가능한 것은 아니라는 점이다. 우선 자원의 특성에 따라 그 자원을 보존하는 것보다 자원을 모두 개발하고 파내는 것이 개인에게 더 이익이 될 수도 있다. 앞서 말한 풀밭은 지속적으로 목초를 만들어내는 것이 개인에게 충분하게 이익이 되는 경우다. 하지만 그렇지 않은 경우도 얼마든지 있을 수 있다. 또한 땅은 여러 명이 영역을 나누고 소유할 수 있지만, 돌고래가 사는 바다는 그렇게 할 수 없다. 그리고 특정 자원을 여러 명이 아닌 1명이 소유한다면, 즉 개인이 독점하면 다른 사람들이 피해를 볼 가능성도 높아진다.

쉽게 예를 들어 돌고래 관광 코스를 한 업체가 독점한다면 가격을 지나치게 올릴 수 있으며, 돌고래가 인기 많을 때는 더 많은 수익을 올리기 위해 매우 많은 관광 보트를 운용할 수도 있다. 여러 업체가 난립해서 생기는 문제와는 다른 형태의 문제가 발생할 수 있는 것이다.

공유지의 비극과 관련된 문제는 정부의 제도 정비와 사유재산 확립을 통해 해결할 수도 있다는 것을 보여주지만, 이 문제가 모두 그러한 방식으로 해결되는 것은 아니므로 주의해야 한다.

정부가 나서야 하는 이유

그러므로 공유지의 비극 문제를 해결하기 위해서는 정부의 개입이 필수적이다. 돌고래들을 보호하기 위해 해역을 관리해야 하며, 돌고래 관광을 위한 보트 숫자도 통제해야 한다. 또한 개체수가 급격히 감소하거나 멸종위기에 놓여 있다면 보트 관광 자체를 금지해야 한다.

사실 많은 환경오염 문제도 이와 비슷하다. 매우 심한 오염물질이라면 정부가 나서서 사용을 전면 금지해야 한다. 하지만 그렇지 않은 물질이라면 적당한 수준에서 통제하면 된다. 오염 배출량을 정하거나 세금을 높게 부과하면 되는 것이다. 금지가 무조건 필요한 경우도 있지만 그렇지 않은 경우도 있다.

만약에 보트 관광을 허용한다고 하자. 보트 관광 횟수가 정해졌다고 하면, 관광을 어떻게 진행할 수 있을까? 그때는 정부가 공급을 통제하는 특정 상품을 소비자에게 어떻게 배분하는지가 문제된다. 일단 생각할 수 있는 방법은 2가지이다.

첫 번째는 민간 업자들에게 가격을 정하게 하는 것이다. 아마 수요가 는다면 보트 관광 가격이 올라갈 것이고 그렇게 되면 민간 업자들은 큰 이익을 얻을 수 있을 것이다. 두 번째는 가격을 통제하는 것이다. 이 경우에는 수요가 높아질 것이기 때문에 선착순으로 대상을 뽑을 것이다. 그렇게 되면 사람들은 장시간 줄을 서거나 티켓팅에 사활을 걸 것이다.

만약 경매로 진행한다면 어떨까? 일부는 선착순으로, 나머지는 경매로 표를 판매하는 것이다. 그리고 경매를 통한 추가 수익금은 야생생물을 보호하고 연구하는 데 사용하는 것이다. 이처럼 단순히 금지하는 방법과 민간에 맡기는 방법 외에 시장원리와 정부 규제를 적정선에서 혼합하면 더 좋은 결과를 얻을 수도 있다.

경쟁과 기업의 선택

3장에서는 기업의 선택과 관련된 내용들을 살펴본다. 앞부분에서는 경쟁의 의미와 독과점 시장에 대해서 알아본다. 현대 자본주의 사회와 독과점은 떼려야 뗄 수 없기 때문에 독과점에 대한 이해는 현대 경제를 이해하는 데 필수적이다. 그다음으로는 기업의 해외투자를 어떻게 바라보아야 할지 살펴보고, 인센티브와 매몰비용에 대해서 알아본다. 인센티브와 매몰비용은 기업의 조직관리 문제와 창업 및 투자를 하려는 사람들의 비용분석과도 연관되어 있으며, 중요한 경제적 결정을 앞두고 있는 개인에게도 더 좋은 선택을 하는 데 유용한 정보를 제공할 것이다.

당당치킨의 전략은
당당한 걸까

2022년 7월, 대형마트 홈플러스가 새로운 치킨 브랜드 당당치킨을 출시했다. 가격은 7천 원 내외로 워낙 저렴했기 때문에 이를 두고 여타 프랜차이즈 치킨 업계에서 대기업의 횡포라면서 비난했다. 당당치킨을 둘러싼 논란들을 통해 경제에서 경쟁의 의미를 좀더 다양한 측면에서 생각해보자.

공정경쟁과 불공정경쟁

당당치킨의 등장으로 어떤 사람이 이득을 보고 또 어떤 사람이 손실을 보았을까? 우선 소비자는 이익이다. 다양한 상품이 등장하면서 소비자의 다양한 취향을 만족시키거나, 가격이 저렴한 상품의 등장으로 소비자가 돈을 아낄 수 있게 되면 소비자는 이익을 본다. 당당치킨이 한정판매이기는 하지만 가격이 저렴하므로 소비자들이 구매를 통해 만족했을 것이라고 짐작할 수 있다.

새로운 상품이 등장하고 기업들 간 경쟁에 변화가 생길 때, 손해와 이익은 기업의 운명을 가를 수 있을 만큼 큰 영향을 주기도 한다. 하지만 수많은 소비자에게 미치는 영향도 언제나 염두에 두어야 한다. 상대적으로 소비자 1명에게 영향을 주는 금액은 적지만 영향을 받는 소비자 숫자는 많기에 전체적으로 소비자가 누리는 편리함과 불편함의 가치는 매우 커진다.

그러면 기업의 경쟁 측면에서는 어떨까? 새로운 상품을 성공시킨 기업에게는 이익이 될 것이다. 하지만 그 기업과 경쟁하는 다른 기업은 고객을 빼앗길 수 있으므로 손해를 입을 확률이 높다. 일반적으로 시장경제에서 기업 간의 경쟁은 기업들이 더 나은 상품을 생산하게 하는 원동력이 된다. 서로 경쟁하고 견제하면서 성장해나가는 것이다.

그런데 불공정경쟁이라면 문제가 된다. 불공정경쟁은 공정한 경제질서를 해치기 때문에, 독점적 지위를 남용하거나, 상대 기업을 견제하기 위해 가격을 원가 이하로 내려서 판매하면 정부는 제재를 가한다. 게다가 불공정경쟁으로 특정 기업이 시장을 독점하게 되면 그 피해는 고스란히 소비자가 져야 한다.

다만 기업들 간에 격렬한 경쟁이 발생하는 과정에서 상품의 가격이 낮아지거나 다른 혜택이 소비자에게 제공될 수 있다. 경쟁을 한다는 것은 기업들이 소비자를 자기네 쪽으로 끌어오기 위해 최선을 다하는 것이므로 그 과정에서 불공정경쟁의 소지가 있다고 해도 소비자에게는 이익이 될 수 있다.

이때 정책적으로 경쟁을 막으려고 하다 보면 오히려 기업들의 담합이라는 역효과를 불러올 수도 있다. 담합이 발생하면 상품 가격이 높게 유지되기 쉬워지며, 이때 소비자는 독점기업이 나타났을 때와 비슷한 수준의 피해를 보게 된다. 대표적으로 '단통법(이동 통신 단말 장치 유통 구조 개선에 관한 법률)'이 출혈경쟁을 없애려는 목적에서 제정되었으나 결과적으로 기업들이 상품 가격을 꾸준히 높게 유지하게 만드는, 사실상 담합에 가까운 결과를 가져왔다는 비판을 받았다. 그래서 불공정경쟁을 막으려고 해도 규제의 적정선을 판단하는 일이 간단하지 않다. 그러니 핵심은 '불공정'의 기준을 어떻게 마련해야 하는지에 있다. '공정거래법' 같은 여러 법적 장치가 마련되어 있지만 법적 해석을 놓고 치열한 법적 공방이 이어질 때가 많은 것만 보아도 그렇다.

당당치킨의 태생적 유리함

만약 홈플러스에서 판매하는 당당치킨이 원가 이하로 판매된다면 미끼상품으로 간주될 여지가 있다. 가격을 낮추어 손님을 모은 뒤, 당당치킨을 기다리는 동안 다른 상품들을 구입하도록 유도하는 것이라면 불공정경쟁이 된다. 하지만 홈플러스가 당당치킨을 팔아도 이윤이 남는다고 주장하고 있으므로 당당치킨은 미끼상품이 아니다. 홈플러스는 대량생산과 재료의 대량 구매 등을 통해 원가를 절감했다고 밝혔다. 기업이 자체적으로 생산 비용을 줄이려고 노력하는 부분은 소비자에게도 긍정적이다. 그러나 당당치킨은 비용을 줄이고 있는 것을 넘어 비용 구조 자체에서 특이점이 발견된다.

먼저 임차료나 인건비는 당당치킨 비용 구조에서 아예 사라져 있다. 일반 프랜차이즈 치킨 업체는 개별 점포를 사용하는 독립된 업체이기에 건물 임대료를 부담해야 하고 점주의 노동 또는 인건비가 들어가지만, 대형마트는 마트 코너를 이용하므로 임대료가 없고 마트 직원이 만들고 판매하기 때문에 별도의 인건비가 발생하지 않는다. 다른 업무에 투입되던 마트 직원들이 치킨을 만들기에 엄연한 기회비용이 발생했지만 회계적인 추가 비용은 아니기 때문이다. 즉 대형마트의 치킨 판매가 불법은 아니더라도 구조적으로 프랜차이즈 업체에 비해 유리한 위치를 점하고 있다고 할 수 있다. 단순히 비슷한 환경에서 한 업체는 고품질의 높은 가격 전략으로, 다른 업체는 중품질의 박리다매 전략으로 접근하는 것이 아니라, 대형마트가 일정 부분 태생적으로 유리한 환경에 놓여 있는 것이다. 이 점은 프랜차이즈 치킨 업체 측에서 충분히 불만을 가질 수 있는 부분이다.

배달료의 경우, 당당치킨은 배달료가 발생하지 않지만 프랜차이즈 치킨은 배달료가 발생하므로 이에 대한 해석은 조금 더 복잡하다. 소비자가 배달료를 부담해야 하지만, 프랜차이즈 치킨의 장점 중 하나는 내가 원하는 장소로 배달을 받을 수 있다는 점이다. 그래서 치킨집들은 직접 포장 주문을 하면 일정 금액을 할인해주면서 더 많은 치킨 판매를 유도하기도 한다.

이처럼 프랜차이즈 치킨이 경쟁 면에서 불리한 부분이 있지만 마트 치킨과의 차별점이 있기 때문에 혁신을 위해 노력한다면 경쟁에서 우위에 설 수 있는 부분은 여전히 존재한다. 더 맛있는 치킨을 연구하고, 치킨 생산 비용을 낮추기 위해 노력하면 된다. 마트 치킨의 등장으로 프랜차이즈 치킨 업계가 혁신을 위해 좀더 노력하리라는 긍정적인 효과를 기대할 수 있는 것이다.

또 다른 문제는 프랜차이즈 치킨 업계 역시 공정하다고 말하기 어렵다는 것이다. 교촌치킨은 2023년 초에 한동안 배달의민족 앱에서 치킨 단품은 팔지 않고 사이드 메뉴를 결합한 메뉴만 판매했다. 치킨을 주문하려면 특정 사이드 메뉴를 반드시 구입해야 했기 때문에 이것은 편법적인 끼워팔기이자 우회적인 가격인 상에 해당하며 불법의 여지도 있다.

한편 프랜차이즈 본사는 가맹점주들에게는 갑이기 때문에 무리하게 많은 품목을 필수 구입 품목으로 지정해 그들에게 비싼 가격에 판매하거나, 혹은 반발하는 가맹점주들을 고소하거나 위협하는 등의 문제를 일으키고 있다. 이러한 행위들은 공정거래법에 위반되는 것이기 때문에 문제를 해결하기 위해서는 정부 당국의 적절한 개입과 규제가 필요하다. 만약 마트 치킨의 등장으로 프랜차이즈 업체들의 수익성이 악화되고 치킨집을 오픈하려는 사람들이 줄어든다면 본사에서는 불필요한 비용을 절감하고 품질 개선을 위해 더 노력할 것이다. 그리고 이 과정에서 가맹점주들에게 좀더 유리한 계약을 제시하는 등 기존의 병폐들을 개선할 수도 있다. 경쟁이 가져오는 긍정적인 효과다. 이처럼 새로운 상품이 시장에 진입하면 다양한 변화를 일으키기도 한다.

그럼에도 모든 기업이 영원히 생존할 수는 없다. 다양한 기업이 등장하고 히트하는 가운데 어떤 기업은 우위를 확보하지 못하고 매출이 줄어들면서 무너지기도 한다. 많은 기업이 시장에 진입하고 경쟁하며 좋은 기업이 살아남고 그렇지 못한 기업은 몰락하는 과정이 있어야 기업들의 혁신이 촉진되며 소비자도 이익을 본다. 기업들의 담합과 독과점에 대한 규제는 필요하지만, 무너져가는 기업을 무조건 보호할 수 없는 까닭이 바로 이 때문이다.

다만 노동자와 실업자에 대한 보호는 더욱 강화하고 지원을 확대해야 한다. 노사관계에서 노동자는 불리한 위치에 있기 쉽다. 당당치킨을 조리하는 마트 노동자들도 한동안 과도한 노동강도에 시달렸다. 또한 기업이 파산하거나 정리해고를 단행하면 많은 실업자가 발생하는 것은 피할 수 없으므로 실업자들을 구제하고 보호하는 것은 형평성 확보를 위해 필요한 일이다.

이처럼 기업들의 경쟁은 다양한 관계자들의 이해득실이 얽혀 있다. 기업 간 경쟁은 혁신을 가져올 수도 있고 불공정경쟁을 초래할 수도 있다. 그리고 경쟁 과정에서 다른 기업, 소비자, 노동자 들이 모두 영향을 받는다. 그러므로 한쪽의 이익과 손해 외에 영향을 받는 많은 당사자의 입장이 고려되어야 한다.

카카오의 독과점을
해체할 수 있을까

2022년 10월 15일, SK C&C 데이
터센터에 화재가 발생하면서 관련된 업체들의 인터넷 서비스가
중단되는 피해를 겪었다. 특히 카카오의 피해가 극심했다. 국민
대부분이 사용하는 카카오톡이 상당 기간 중단되었고, 포털 사이
트와 이메일, 기타 카카오 계정 로그인 인증이 필요한 서비스들
까지 광범위한 서비스가 장시간 중단되는 사태로 이어졌다.

많은 사람이 큰 불편을 겪으면서 문제 해결과 예방을 위한 다
양한 의견들이 제시되었다. 서버 이원화와 DR(재해복구) 같은 기
술적인 해결 방식 외에도 플랫폼 산업의 독과점 경제 자체에 대

해 의문을 제기하거나, 국가 기반 산업에 가까운 산업을 서비스하는 기업들에 대해 정부가 좀더 적극적으로 개입해야 한다는 목소리가 높았다. 독과점은 분명히 해로운 부분이 있다. 하지만 독과점이 존재할 수밖에 없는 이유도 있다.

독과점의 존재 이유

경제학에 따르면 완전경쟁시장에서는 효율성이 극대화된다. 비록 형평성은 보장되지 않지만 사람들에게 돌아가는 가치의 총합은 제일 커진다. 이때 어떤 시장이 완전경쟁시장이 되려면 몇 가지 조건이 필요한데, 제일 핵심적인 조건은 재화와 서비스를 구입하는 소비자와 판매하는 공급자가 무수히 많아야 한다는 것이다.

공급자가 많아야 한다는 조건을 충족하려면 특정 제품의 시장을 수많은 기업이 나누어 가져야 하며, 다수의 소규모 기업들이 존재해야만 한다. 생산과정이 비교적 단순한 제품들은 소규모의 설비만 있어도 되기 때문에 이러한 조건을 충족시키는 것이 상대적으로 쉽다. 하지만 현대 경제에서는 이러한 조건에 부합하지 않는 산업들이 상당히 많이 있다.

첫 번째로 말할 수 있는 예시는 자동차나 핸드폰처럼 생산과정이 복잡하고 높은 기술 수준이 필요한 제품들이다. 이러한 산업 분야는 기술개발과 생산설비를 위해 초기 투자 비용이 많이 들어가지만, 그 뒤에 생산량을 늘리는 것은 비교적 쉽다. 따라서 대규모 투자가 가능한 기업들만 시장에 존재하게 된다. 이러한 현상은 전통적인 형태의 '규모의 경제'에 해당한다. 그래서 이 유형의 산업에는 소수의 공급자만 존재하게 된다. 차량 1백만 대를 생산하기 위해 공장 10곳에서 각각 10만 대를 생산하는 것이 공장 500곳에서 각각 2천 대를 생산하는 것보다 훨씬 더 효율적이기 때문이다. 이 유형의 산업에서 완전경쟁을 위해 소규모 공장을 많이 만드는 것은 생산의 효율성과 기업의 경쟁력에 큰 피해를 주기 때문에 사실상 불가능하다.

또한 디지털 기업들이나 플랫폼 기업들이 내놓는 상품은 네트워크효과에 따라 더 많은 사람들이 사용할수록 그 상품의 가치가 더 늘어난다. 예를 들어 주변에 카카오톡을 이용하는 사람들이 많을수록 카카오톡 기능을 이용하기 더 편리해지는 것이다. 또 배달 서비스 플랫폼을 이용하는 공급업체가 많아야 소비자의 선택의 폭이 넓어진다.

하지만 디지털 기업들이나 플랫폼 기업들 중 선도기업의 점유율이 충분히 늘어난 이후에 소비자는 기능이 유사한 다른 서비스에는 굳이 가입하려고 하지 않는다. 그러므로 신규 가입자의 진입이 어려워지고, 또한 비슷한 서비스가 시장에 다수 존재하기 어려워진다. 실제로 메신저 서비스, SNS 서비스, 플랫폼 서비스들은 시장에 존재하는 사업자들이 몇 개 되지 않는다. 따라서 이러한 성격을 갖는 재화와 서비스 시장은 완전경쟁시장이 될 수 없기 때문에 독과점으로 존재할 수밖에 없는 것이다.

독과점은 왜 문제가 될까

그렇다면 독과점 시장이 문제가 되는 이유는 무엇일까? 먼저 독점과 과점이 다르다는 것을 이해하고 넘어가자. 독점은 하나의 공급자가 시장을 장악하는 것을 말하고, 과점은 2~3개 또는 소수의 공급자가 시장에 존재하는 것을 말한다.

독점시장에서 상품을 유일하게 공급하는 기업은 독점기업이 되고, 독점기업은 이윤을 늘리기 위해 생산량을 줄이고 가격을 높일 수 있다. 독점기업이라고 해서 이윤을 무한정 쓸어 담을 수 있는 것은 아니고 수요의 특성에 따라 가져갈 수 있는 이윤의 규모는 달라진다. 완전경쟁시장에 비하면 기업의 이윤은 늘어나지만, 소비자는 늘어난 이윤 그 이상으로 손해를 보게 된다. 그러므로 사회 전체적인 이해득실을 계산하면 독점은 사회에 피해를 준다. 피해의 크기는 시장의 특성에 따라 차이가 있어서 그 크기는 커질 수도 있고 작아질 수도 있다. 하지만 피해를 준다는 사실만큼은 분명하다.

과점시장일 때는 소수의 기업들이 어떻게 경쟁하는지에 따라 시장에 미치는 영향이 달라진다. 만약 해당 기업들이 담합을 한다면 독점과 비슷한 상태가 되어 소비자는 상당한 손해를 보게된다. 반면 소수의 기업들이 치열하게 경쟁하게 되면 소비자의 손해가 상당히 줄어들 수도 있다.

시장이 독과점이 되면 기업의 이윤은 늘어나면서 소비자는 피해를 입고 최종적으로 사회에 미치는 악영향이 크기 때문에 정부가 독과점 시장 구조에 개입할 수 있는 것이다. 시장경제가 효율성을 달성하면 정부의 개입 근거는 형평성 문제에 한정되지만, 독과점은 시장경제가 효율성을 달성하지 못하는 경우에 해당하므로 정부가 적절하게 개입해 효율성을 높일 수 있다는 것이 경제학의 기본 원리다.

규제냐 효율성이냐

정부는 독과점 시장 구조를 개선하기 위해 노력한다. 특정 기업이 독점이 되거나 독점에 가까워지지 않도록 규제하며, 과점 기업들이 담합하지 못하게 규제하는 것이 정부의 독과점 개입의 제일 기본적인 원리다. 이 때문에 기업들이 인수합병을 통해 규모를 키우고자 할 때는 공정거래위원회의 심사를 받아야 한다. 그리고 글로벌기업은 시장지배력이 미치는 주요 국가 모두에서 심사를 받아야 한다. 그래서 대한항공과 아시아나항공의 인수합

병과 관련해 EU와 미국의 심사를 받는 것이다.

그러나 정부가 독과점을 규제하는 데 근본적으로 한계가 있는 것은 앞에서 말한 산업적 특성 때문이다. 특정 산업은 소규모 사업장이 난립하게 되면 생산 면에서 효율성이 크게 낮아진다. 메신저나 SNS 서비스가 여러 개 제공되는 것은 소비자에게는 매우 불편하다. 즉 시간이 흐르면 자연스럽게 소수의 서비스 공급자만 남게 된다. 결국 경쟁에서 승리한 기업이 규모를 키우면서 시장지배적 대형 사업자로 탈바꿈하게 되고 그 결과 독과점 구조가 자연스럽게 만들어진다.

그러므로 독과점 기업들을 독과점이 성립되지 않을 만큼 분할하는 것이 해답이 될 수 없다. 기업들을 분할한다는 것은 그만큼 효율성이 낮아진다는 것을 의미하며, 효율성이 낮은 기업은 분할하면 살아남기 어렵다. 기업의 분할은 기업이 스스로 정해야 한다는 권리의 문제도 있지만, 사회 전체의 효율성 차원에서도 손해를 발생시키기 쉬운 것이다. 금융산업 등 일부 산업에서 기업 분할의 필요성에 대해 논의되고 있지만 많은 경우 기업분할은 더 큰 피해를 양산한다.

국가가 독점기업을 직접 운영하면 독점기업의 가격인상으로 인한 문제를 막을 수 있다. 공공재 생산 등 국영기업의 관리가 필요한 산업도 있다. 그러나 그렇지 않은 산업에 국유화된 독점기업만 남으면 기업 간 경쟁을 할 필요가 없기 때문에 해당 기업은 효율성을 높이고 서비스를 개선하려는 노력을 게을리할 것이고 그렇게 되면 생산 비용이 상승하면서 가격이 높아져 소비자는 불편을 겪기 쉬워진다.

어떻게 경쟁을 유도해야 할까

결국 이 문제는 독점기업이나 과점기업들의 담합과 같이 소비자의 피해가 특히 커지는 상황이 발생하지 않도록 노력하면서, 과점기업들이 서로 치열하게 경쟁하도록 유도하는 방법이 최선이다. 소규모 기업들이 많아지면 효율성이 낮아지기 때문에 대형 기업들이 소수 존재하는 과점시장이 나타나는 것은 필연적이다. 따라서 이들을 분할하는 것은 불가능하고 경쟁을 촉진하는 것이 제일 바람직하다.

과점기업들이 담합하지 않고 경쟁하면 그만큼 상품 가격이 낮아지면서 소비자는 더 많은 혜택을 누릴 수 있다. 과도한 경쟁으로 불공정경쟁이 일어나는 등 문제의 소지도 있지만, 기업들이 경쟁하면서 더 많은 이윤을 올리기 위해 노력하는 것이 더 이상적인 경제의 모습이다.

카카오톡이 장시간 안 되면서 그 대안으로 라인과 텔레그램을 찾는 사람이 늘어났고 해당 메신저들도 적극적으로 프로모션을 했다. 이런 방식으로 시장에서 제일 큰 지분을 가진 사업자와 다른 사업자들 간의 경쟁을 유도하고, 새로운 사업자들이 시장에 진입하기 쉬운 구조를 만들고, 해외 사업자들이 국내에 진출할 수 있도록 하면 독점으로 인한 피해를 줄이고 경쟁을 통한 소비자의 혜택을 늘릴 수 있다.

일부에서는 메신저 서비스의 공공적 성격을 강조하면서 국유화 혹은 국가 메신저 서비스의 필요성을 이야기하기도 했다. 하지만 카카오가 만들어낸 메신저 서비스의 유용성은 매우 높아서 국가 메신저로 대체하기 어렵다. 또한 여러 플랫폼 산업에 국가 및 지자체가 진입했을 때 성과가 그다지 좋지 않았다. 공공재는 국가가 생산하는 것이 적합하지만, 카카오 메신저는 경제학적인 의미에서의 공공재는 아니다.

카카오톡이 시장지위가 높고 공공적 성격이 강하다면, 정부가 더 강하게 개입하고 적당한 선에서 규제하는 것으로도 충분하다. 금융업 등 기업 자체의 리스크 관리가 특히 중요한 산업에서 정부의 규제가 더 강력한 것과 비슷한 원리다. 이번 카카오 사태를 통해 알 수 있듯이 플랫폼 기업과 IT 기업 들은 화재 등 재해를 대비하기 위한 이중화 및 예비장치를 확보해야 하는 것은 물론, 정부는 독과점의 피해가 커지지 않고 경쟁을 유도할 수 있도록 일정한 조치를 취해야 할 것이다.

넷플릭스의 한국 투자와
한국 제조기업의 외국 투자

2023년 4월 24일, 넷플릭스 CEO 테드 서랜도스Ted Sarandos는 윤석열 대통령을 만난 자리에서 우리나라에 4년간 25억 달러를 투자한다고 밝혔다. 외국 기업의 한국 투자이다. 이를 놓고 외국 기업이 우리나라 생산 환경을 지배하고 있다, 우리나라가 글로벌기업의 하청업체로 전락하고 있다는 부정적인 의견이 나오기도 했다.

한편 바이든 정부는 삼성전자, 현대자동차, SK하이닉스 등이 1천억 달러를 투자했다고 밝히면서 우리나라 글로벌기업들의 미국 투자를 성과로 표현했다. 한국 기업의 외국 투자이다. 이에 대해 '국내에서 창출되어야 할 일자리가 해외로 나가고 있다' '한미 관계 때문에 우리나라의 기업들이 피해를 보았다'는 부정적인 의견이 나왔다.

그런데 어딘가 이상하다. 외국 기업이 우리나라 기업에 투자했는데 우리가 손해라는 말도 있고, 우리나라 기업이 외국에 투자했는데 우리가 손해라는 말도 있다. 기업의 해외투자는 많은 나라에서 경제적 논란인 동시에 정치적 논란의 대상이 된다. 결론부터 말하자면 해외투자는 이익과 손해가 복잡하게 얽혀 있기에 단순하게 승자와 패자로 나누기 어려우며, 개별 산업의 특성에 대한 이해가 반드시 필요하다.

투자를 받는 나라와
투자를 하는 본사가 있는 나라의 입장은 어떻게 다른가

먼저 기업활동이 경제에 미치는 영향을 생각해보자. 국가경제는 소비하는 가계와 생산과 투자를 하는 기업을 두 축으로 해서 움직인다. 기업활동이 활성화되면 GDP가 늘어나고 경제활동이 활발해지며 일자리가 창출된다. 기업의 판매 수입은 임금을 통해 노동자에게 돌아가고 이윤은 주주에게 돌아간다. 기업활동 그 자체가 경제에 도움이 된다는 것을 먼저 분명하게 밝혀둔다.

그렇다면 미국 기업이 우리나라에 투자한다면 어떻게 될까?

미국 기업이 우리나라에 공장을 짓는다고 해보자. 우리나라에 공장이 생기기 때문에 우리나라의 GDP가 늘어나고 우리나라 경제활동이 활발해지며 공장에서 일할 노동자를 고용해야 하므로 우리나라 고용률이 상승하고 공장 매출은 우리나라 노동자의 임금이 된다. 하지만 우리나라 기업의 이윤은 미국 본사가 가져가므로 여기에서 해석의 차이가 발생한다.

아주 간단하게 생각하면 투자가 없는 것에 비해서 미국 기업이 우리나라에 투자하는 것은 우리나라 경제에 분명히 이익이 된다. 다만 우리나라 기업이 자국에 투자하는 것과 비교한다면 기업의 이윤이 미국으로 가는 것은 우리나라 경제에 좋지 않기 때문에 상대적으로 손해를 보는 부분이 나타난다. 즉 우리나라 기업이 할 만한 투자인데 미국 기업이 선점했다는 방향으로 해석하면 부정적으로 볼 여지가 있으나 기본적으로 투자 그 자체는 경제에 긍정적이다.

이번에는 기업의 본사가 있는 미국 입장에서 생각해보자. 미국 본사는 우리나라에서 공장을 운영하면서 이윤을 올리고 그 이윤을 본사 직원들과 주주들에게 나누어줄 수 있으므로 이익이다. 이 역시도 미국 기업이 우리나라에 투자하지 않았을 때보다 이익이다. 그렇다면 미국 기업이 자국에 투자했을 때와 비교하면 어떨까?

미국 기업이 자국에 투자한다면 미국의 GDP는 물론 고용도 늘어나겠지만, 미국 기업이 우리나라에 투자하면 그런 일은 발생하지 않는다. 이 역시 투자를 안 했을 때보다는 이윤을 얻을 수 있기 때문에 미국 경제에 도움이 되지만, 자국에 투자했을 때와 비교하면 상대적으로 손해라고 생각되는 부분들이 있다.

즉 기업의 투자 행위가 국가경제에 이익을 주는 부분이 여러 가지인데 기업이 해외투자를 하게 되면 이익 중 일부는 외국이, 또 나머지는 본사가 나누어 가져야 한다. 물론 본사와 지사 모두가 이익을 보는 것은 맞지만 아쉬운 점이 있을 수밖에 없는 것이다.

다만 개별 투자의 성격에 따라 더 생각해볼 부분들이 있다. 먼저 앞에서 말한 것처럼 외국 기업이 국내에 투자하는 경우에는 국내 기업의 국내 투자가 더 필요한, 더 가능한 산업인지가 중요하다. 국내 기업이 충분히 투자하면서 발전할 수 있는 산업에 외국 기업이 진출하는 것이라면, 외국 기업이 그 자리를 차지한 것이라 생각할 수 있고, 이 경우 국내 기업이 선점하는 것에 비해 상대적으로 외국 기업의 이윤이 커진다는 단점이 있기 때문이다.

한편으로는 외국 기업이 국내 기업보다 경영 능력이 더 좋다면 외국 기업이 국내로 진출하는 과정에서 경영노하우를 습득할 수 있을 뿐만 아니라, 국내 기업을 자극해 기업경쟁력을 높일 수도 있다. 하지만 국내 기업이 외국 기업에 의해 밀려나거나 외국 기업의 독점이 이루어진다면 국가 전체적으로 볼 때 피해를 입는 부분이 더 커질 수 있다.

넷플릭스의 우리나라 진출에 따른 빛과 그림자

넷플릭스가 우리나라에 활발하게 투자하면 그 자금으로 콘텐츠를 생산할 수 있기 때문에 업계에는 최소한 단기적으로는 분명한 이익이 된다. 일각에서는 우리나라가 넷플릭스의 하청업체로 전락한다고 우려하는 목소리도 있다. 하지만 우리나라의 반도체 대기업이 일본에서 소재와 부품을 수입하지만 가격과 품질 면에서 일본 기업이 뛰어나기에 상호 존중하는 관계가 형성된 것처럼, 기업 간의 계약관계에서 항상 더 큰 기업이 작은 기업들을 지배하는 것은 아니다.

그러니 넷플릭스와 우리나라 콘텐츠 업계 사이에 영향을 주는 것은 우리나라 콘텐츠의 경쟁력이다. 우리나라 콘텐츠는 인구가 많은 아시아 지역을 중심으로 전 세계에서 큰 인기를 얻고 있는데, 우리나라 콘텐츠가 넷플릭스 수입에 차지하는 비중이 커질수록 우리나라 제작사의 입지가 높아질 뿐만 아니라 투자받을 수 있는 제작비도 자연스레 높아질 수밖에 없다.

또 다른 요소는 반대쪽, 넷플릭스의 독점력이다. 현재 넷플릭스는 우리나라뿐 아니라 전 세계적으로 글로벌 OTT 시장에서 우위를 점하고 있는 선두주자이다. 그런 넷플릭스를 견제하기 위해 다른 글로벌 OTT 플랫폼들이 우리나라 콘텐츠에 투자하고 있다. 실제로 2023년에 디즈니플러스가 〈카지노〉 〈무빙〉 등을 공개한 바 있다. 글로벌 OTT가 우리나라 콘텐츠 시장을 주목할수록 우리나라 제작사가 협상 테이블에서 주도권을 확보하고 더 유리한 조건으로 계약할 수 있게 된다.

다만 넷플릭스와 경쟁 관계에 있는 국내 산업은 타격을 피할 수 없다. 실제로 웨이브, 티빙 등 국내 OTT 플랫폼은 투자 규모에서 넷플릭스를 당해내기 어렵다. 국내 방송사와 영화계 역시 시청자를 빼앗길 가능성이 크다. 언제 어디서든 OTT로 콘텐츠를 볼 수 있기 때문에 방송사는 시청률에 타격을 입을 수밖에 없고, 극장으로 가려던 사람들이 발길을 OTT로 돌림으로써 영화계도 타격을 입게 된다. 그렇게 되면 넷플릭스용 콘텐츠 제작은 활발해지겠지만, 방송사와 영화 제작사의 콘텐츠 제작은 축소되기 마련이다. 그러니 여러 면에서 볼 때 넷플릭스의 우리나라 투자가 우리나라 문화산업에 미치는 영향은 복합적일 수밖에 없다. 기회인 동시에 위기인 셈이다.

우리나라 제조업의 외국 진출을 어떻게 바라보아야 할까

그렇다면 중국과 베트남 등에 많이 진출해 있으며 미국에도 투자를 강화하고 있는 우리나라의 대형 제조업은 어떨까? 이 역시 자국에 투자할 수 있는 환경에서 외국에 투자한 것인지, 아니

117

면 자국에 대한 투자 결정과 외국에 대한 투자 결정을 별개로 볼 것인지에 따라 해석이 달라진다. 전자면 자국에 투자하지 않았으니 부정적인 시각이 높아지며, 후자면 새로운 수익을 올릴 수 있다는 긍정적인 시각으로 해석할 수 있다.

첨단 제조공정을 요하지 않고 저렴한 노동력으로도 생산이 가능한 산업은 개발도상국에 생산기지를 설립해 비용을 절감하는 경우가 많다. 우리나라는 임금이 높기 때문에 이러한 해외투자는 어느 정도 발생할 수밖에 없다. 그러나 자국에도 저숙련 노동자를 위한 일자리가 있어야 하기 때문에 정부는 다양한 형태의 국내외 기업들을 유치하기 위해 지속적으로 노력해야 한다.

우리나라 기업이 미국과 유럽 등에 투자하는 것은 그곳에서 생산한 상품을 현지에 판매할 때 해외 수요에 적극적으로 대응할 수 있고 현지 소비자들에게 더 친숙하게 접근할 수 있어서이다. 또 다른 중요한 이유는 무역장벽 우회 또는 보조금 혜택 문제 때문이다. 국내에서 생산한 제품을 수출하면 수입국은 그 제품에 대해 일정한 규제를 가할 수 있지만 현지에서 생산하면 그렇게 하지 못한다.

바이든 정부는 2022년에 인플레이션 감축법IRA, Inflation Reduction Act을 발효시켜 보조금 지급(세액공제 혜택) 등 각종 규정을 마련하는 등 첨단산업을 자국에 유치하기 위해 노력했다. 따라서 우리나라 기업이 미국에 진출하면 세금 부담을 줄일 수 있다. 물론 여전히 각종 규제와 보조금이 외국 기업에 불리하게 설계되어 있다는 문제가 있기는 하지만 말이다.

따라서 우리나라 기업이 미국에 진출하는 것 자체를 문제 삼기보다는 미국의 과도한 규제와 이 문제를 해결하려는 우리 정부의 노력 부족에 대한 지적이 좀더 타당할 듯싶다. 우리나라 기업이 미국에 투자를 많이 한 만큼 우리 기업이 겪는 어려움을 해결해달라고 미국 정부에 요청할 필요성이 있는데, 이 부분에 대해 진척이 보이지 않는 것에 대해 더 논의해야 할 시점이라고 생각한다.

많은 세상일이 얼핏 보면 이기고 지고 승자와 패자가 나뉘는 일 같지만, 세상일들은 생각보다 호혜적이고 모두가 이익을 볼 때가 많다. 국제무역도 기업의 해외투자도 마찬가지이다. 해외투자에 대해 어느 한쪽이 승리했고 다른 한쪽이 패배했다고 해석하거나, 글로벌기업이 노동자들을 착취하고 있다고 무조건 단정해서는 안 된다. 우리나라 글로벌 제조기업이 콧대 높은 미국인들을 착취하고 있다고 생각하기 어려운 것과 마찬가지이다.

특히 우리 기업의 미국 투자는 문재인 정부와 윤석열 정부에서 계속 진행 중이고, 바이든 정부 역시 두 정부에서 발생한 투자를 모두 합산해 발표했다. 그런데 문재인 정부 시절의 투자 때는 당시 야당인 국민의힘이 강하게 반발했고, 윤석열 정부의 투자 때는 현재의 야당인 민주당이 강하게 반발하고 있다. 즉 동일한 경제적 사안임에도 진영에 따라 정치적 해석이 달라지는 등 일관성 없는 주장이 나타나는 것이다. 기업의 해외투자는 기업에게 대단히 중요하니 이를 정쟁에 이용할 생각은 하지 말고, 기업의 해외투자로 손해를 보는 산업이나 계층이 있을 수 있다는 사실을 염두에 두고 정책을 설계한다면 충분할 것이다.

인센티브는 약일까,
아니면 독일까

친구 2명이 있다. 두 사람 모두 살을 빼고 싶어서 다이어트를 하려고 한다. 두 사람은 고민을 하다가 내기를 하기로 한다. 살을 더 많이 빼는 사람이 10만 원을 가져가기로 말이다. 이 내기는 잘될까? 이때 내기에서 이길 수 있는 손쉬운 방법이 있다. 살을 빼려고 노력하는 것이 아니라 상대방의 다이어트를 방해하는 것이다. 상대방이 다이어트에 실패하면 내가 살을 빼려는 노력을 하지 않아도 이길 수 있기 때문이다.

인센티브는 무조건 좋을 것이라는 착각

인센티브라는 단어는 사람들의 선택을 설명할 때 중요한 키워드이다. 목표를 달성했을 때 경제적 이익이 주어진다면, 사람들은 그 목표를 달성하기 위해 더 노력하게 된다. 애초에 시장경제 자체는 사유재산제도에 기반하고 있고, 사람들로 하여금 더 많은 소득을 얻기 위해 열심히 노력하게 하는 것에서 출발한다. 그래서인지 많은 기업이 인센티브 제도를 마련해놓았으며, 일부 스포츠 선수들은 계약을 맺을 때 성적이 잘 나오면 돈을 더 받는 인센티브 조항을 넣기도 한다.

하지만 기업이나 조직에서 성과에 따라 인센티브를 제공하는 것은 예상하지 못한 결과를 가져올 수 있으며, 오히려 구성원들의 의지나 성과에 악영향을 줄 수 있다. 인센티브를 통해 더 좋은 결과를 낼 수도 있지만, 역효과를 불러올 수도 있기 때문에 성과주의를 도입할 때는 좀더 신중할 필요가 있다.

인센티브 제도가 잘 설계되면 조직 구성원이 금전적 이익을 위해 노력하는 방향이 기업의 성과 개선 방향과 일치하기 때문에 개인도 이익을 얻고 기업의 성과도 좋아진다. 하지만 성과가 불확실하거나 성과를 평가하기 어려울 때도 있어서 일괄적으로 성과주의를 적용하기에는 문제가 있다. 먼저 성과는 불확실성, 즉 운이 좋고 나쁨의 영향을 받는다. 예를 들어 특정 시점의 거시경제 환경에 따라 경제가 좋을 때는 노력하지 않아도 상품 판매량이 높아질 수 있고, 경제가 나쁠 때는 노력해도 결과가 안 좋을 수 있다. 따라서 이 점을 간과하게 되면 조직 구성원은 운이 좋아지기만 기다릴 뿐 성과를 위해 노력할 의지를 잃게 된다. 또한 업무의 특성을 고려하지 않고 모든 부서에 동일한 성과주의를 적용해도 문제가 발생할 수 있다. 예컨대 마케팅 부서는 실적으로 평가하기 비교적 쉽지만, 재무 부서나 위험관리 부서는 중요한 역할을 담당함에도 실적으로 평가하기에 상당히 어렵다. 부서의 업무 특성을 고려하지 않고 실적이라는 잣대를 모두에게 들이대면 구성원들의 불만이 나오기 쉽다.

특히 인센티브를 잘못 설정하면 기업의 기대와 다른 방향으로 조직 구성원들이 노력하게 될 수도 있다. 인센티브 설정이 잘못되어 개인의 노력 방향과 기업의 성과 개선 방향이 어긋나게 되는 것이다. 그러니 기업에서도 절대평가와 상대평가를 모두 감안해야 한다. 절대평가는 전반적인 시장 분위기와 운의 영향을 많이 받는다는 단점이 있다. 그렇다고 해서 부서별 상대평가만으로 인센티브를 설정한다면 부서들이 협력해야 하는 상황에서도 인센티브 획득을 위해 서로의 업무를 방해하거나 협조하지 않을 수 있다. 다른 부서 업무를 방해하는 것이 자기 부서의 상대평가 인센티브에 이익이 되기 때문이다.

돈이 전부가 아니다

또 다른 측면은 양심이나 조직에 대한 애정 등 비금전적인 요소와의 충돌이다. 사람들은 금전적 이익에도 반응하지만 양심, 준법, 도덕 등 비금전적인 요소에도 많은 영향을 받는다. 조직에 대한 애정으로 열심히 하는 사람들에게 어설프게 인센티브를 부여하면 그것은 '돈을 위해서 일하는' 것이 되어서 오히려 조직에 대한 애정을 떨어뜨릴 수 있다. 그러니 조직에 대한 충성심과 애정을 훼손하지 않는 선에서 인센티브를 활용해야 한다.

듀크대학교의 행동경제학 교수 댄 애리얼리Dan Ariely는 『상식 밖의 경제학』에서 어린이집에 맡긴 아이를 데리러 올 때 늦는 부모들에게 벌금을 매긴 결과로 인센티브 제도를 설명한다. 이 벌금은 아이들을 늦게 데리러 오는 부모들을 더 일찍 오게 하려고 만들어진 '음minus의 인센티브' 형태를 갖고 있다. 그러나 양심이나 미안함 등 비금전적 요소 때문에 일찍 오려고 노력하던 부모들이 벌금이 도입된 이후부터는 더 이상 어린이집에 '미안해하지' 않았고 벌금에만 주의를 기울이게 되면서 이 제도는 큰 효과를 얻지 못했다.

게다가 더욱 주목해야 할 사실은 부모들의 의외의 태도에 당황한 어린이집이 벌금 제도를 없앤 이후이다. 부모들은 벌금 제도 시행 이전보다 더 늦게 오기 시작했다. 벌금 제도가 사라졌다고 해서 '어린이집 선생님들한테 미안하니까 일찍 가자'는 마음이 다시 생겨나지는 않았기 때문이다. 즉 금전적 요소 때문에 비금전적 요소가 사라졌고, 금전적 요소가 사라졌다고 해서 비금전적 요소가 바로 회복되지 않았다.

그러니 조직 구성원들을 평가하려면 성과에 대한 평가 외에 태도에 대한 평가도 같이해야 한다. 열심히 하는데 운이 없거나 다른 외부적인 요인 때문에 당장은 성과가 나오지 않더라도 장기적으로 발전하고 있고 성과가 좋아질 가능성이 높은 구성원들이 있을 수 있다. 이들을 보호하고 육성하려면 태도를 평가하는 방법으로 인센티브의 불완전성을 보완해야 한다.

문제는 태도는 평가하기 더욱 어렵다는 점이다. 여러 인센티브 요건은 특정한 숫자의 형태로 정해진 경우가 많고, 그러한 수치를 만족하는지에 대한 문제는 조직 구성원들이 받아들일 수 있는 최소한의 객관성을 확보하고 있다. 하지만 태도에 대한 평가는 다른 구성원들의 해석에 기반하기 때문에 충분한 객관성을 얻지 못할 수 있다. 오히려 상호평가 시스템이 구성원들 간 분란을 일으키기 쉬워지는 것이다.

그렇다고 해서 태도를 평가하기 위해서 객관적인 기준을 세우면 더 나쁜 결과로 돌아올 수 있다. 국내 한 기업에서 직원들의 조직에 대한 충성도를 확인한다는 목적으로 야근한 횟수를 성과에 반영한 적이 있다. 그렇게 되면 직원들은 불필요한 야근을 많이 할 수밖에 없고, 그 결과 직원들의 업무 환경은 나빠지고 조직에 대한 불만도 더 심해진다.

인센티브를 어떻게 부여하는 것이 좋은지에 대한 정답은 없다. 기업과 조직이 처한 환경이 다양하기 때문에 이에 따라 인센티브 방식도 다양해져야 한다. 게다가 인센티브에 대한 사람들의 대응 방식도 때로는 아주 창의적이다. 제도가 바뀌면 사람들은 때로는 창의적으로 때로는 치밀하게 제도의 허점을 찾아내는데 이것이 기업에 도움이 될 수도 있지만 그렇지 않을 수도 있다.

결국 확실하게 말할 수 있는 사실은 쉽고 단순하게 인센티브 제도에 접근하는 태도는 위험하다는 점이다. 경제학은 '사람들에게 금전적 이익이라는 유인을 제공하면, 사람들은 그것을 얻기 위해서 열심히 한다'라는 것을 전제로 하며, 이것은 일정 부분 사실이다. 하지만 이러한 경제 원리만 믿고 실제 조직에 적용하면 앞에서 말한 것처럼 많은 어려움과 부작용에 직면할 수도 있다.

인센티브 제도는 좀더 세심하고 정교해야 한다. 금전적 이익에 따라 움직이는 것이 시장경제라고 하면서 단순한 성과주의를 전가傳家의 보도寶刀처럼 휘두르는 것은 위험하다. 사람들의 반응은 생각보다 다양할 수 있고, 그러면서도 사람들은 금전만 좇지 않고 조직에 대한 소속감을 비롯해 여러 비금전적인 요소도 따르기 때문에 인센티브 도입에 따른 결과가 어떻게 될지에 대한 세심한 검토가 반드시 필요하다.

한 예로 외국인 야구선수 호세 피렐라José Pirela는 삼성라이온 즈와 계약을 할 때 체중 인센티브 외에 체지방률 인센티브까지 포함시켰다. 일차적으로는 체중을 줄이는 것이 성적에 도움이 되 니 체중 인센티브를 넣었고, 체중에만 인센티브를 설정하면 단순 히 굶어서 삶을 빼게 될 수 있으니 체지방률을 기준으로 인센티 브를 조정해 '건강을 관리하겠다'는 방향으로 인센티브를 더 명 확하게 설정한 것이다. 이처럼 인센티브는 분명히 잘 활용될 수 있다. 다만 충분한 고민과 창의력이 필요할 뿐이다.

왜 우리는 매몰비용을
아까워하는 걸까

야구장에 입장하려면 돈을 내고 티켓을 구입해야 한다. 그런데 응원하는 팀이 항상 잘할 수는 없다. 내가 좋아하는 팀이 경기를 못해서 경기 초반부터 큰 점수 차로 지고 있는 경우를 생각해보자. 이때 경기 중간에 나오는 것도 좋은 선택일 수 있다. 하지만 티켓값이 아까워서 끝까지 보자고 생각하는 경우도 많다. 이것이 맞는 생각일까?

매몰비용에 집착하면 잘못된 선택을 하게 된다

매몰비용sunk cost은 말 그대로 바닷속에 깊이 가라앉아서 다시 꺼낼 수 없는 성질의 비용을 의미한다. 매몰비용은 건져낼 수 없으므로 의사결정 시 고려하지 않는 것이 중요한 원칙이다. 어떤 투자나 사업을 할 때 이것을 지속할 것인지 중단할 것인지를 결정해야 한다고 하자. 결정은 지속할 때 얻게 되는 이익과 손실, 그리고 중단할 때 얻게 되는 이익과 손실을 비교한 뒤 내리게 된다. 다만 이미 지출한 비용 중에서 회수할 수 없는 매몰비용은 이러한 결정과 상관없이 무조건 비용이 된다.

그러므로 매몰비용은 결정을 내려야 할 때 고려하지 않는 것이 맞다. 매몰비용이 아무리 커도, 이 비용은 사업의 지속 여부와 상관없이 무조건 비용으로 처리되기 때문에 의사결정과 무관하다. 여러 가지 다른 결정에 따라 이익과 비용의 크기가 변하는 부분만이 결정에 영향을 주는데, 매몰비용은 이익과 비용의 향후 변화에 영향을 주지 못한다.

야구장 이야기로 돌아가 보자. 경기 중간에 나올지 말지를 결정하려면, 경기를 계속 보았을 때와 중간에 나왔을 때의 장점을 비교하면서 두 선택의 차이에 집중해야 한다. 즉 좋은 결정을 내리려면 '우리 팀이 역전할 수도 있으니 끝까지 다 본다'와 '차라리 이 시간에 다른 것을 하면 더 재미있을 것이다'를 비교해야 한다. 티켓 가격이 아까워서 야구를 계속 보는 것은 매몰비용이 개입된 선택므로 이것은 잘못된 선택이 된다.

매몰비용의 심리적 요인

매몰비용과 관련된 문제를 만드는 것은 여러 가지 심리적 특성과 관련 있는데, 그중 하나는 실패했다는 것을 인정하기 싫은 심리이다. 어떤 결정으로 인한 성공과 실패, 이익과 손실은 좋은 결정과 나쁜 결정, 노력 여부에 영향을 받지만 근본적으로 미래의 일은 불확실성, 즉 운의 영향을 받는다. 누구나 실패할 수 있는 것이다. 하지만 사람들은 보통 손해를 인정하는 걸 실패했다는 것으로 받아들이기 때문에 실패를 인정하고 싶지 않을 때 성공 가능성을 과대평가한다. 그러므로 매몰비용이 클수록 조금 더 버티고 일이 잘 풀리면 매몰비용을 능가하는 이익을 얻게 될 가능성을 더 높게 평가하게 된다.

주식을 투자할 때도 그것을 얼마에 구입했는지가 아니라 향후 주식가격의 움직임에 주목해야 한다. 그러나 투자를 하다 보면 과거에 구입 가격 대비 수익률이 어느 정도인지에 심정적으로 영향을 크게 받고 본전을 찾을 때까지 그대로 들고 있는 경우가 많다. 도박을 할 때도 손해를 인정하지 않고 원금을 회복할 때까지 계속하다 보면 더 큰 손실을 보기 쉽다.

판매할 상품의 가격을 정해야 할 때도 매몰비용 심리는 문제가 된다. 공급자는 수요자의 여건과 생산량에 따른 생산 비용 등을 모두 고려해 가격을 정해야 한다. 하지만 '실패는 용납할 수 없으며 무조건 이익을 내야 한다' '매몰비용을 회수해야 한다'는 강박에 빠지면 수요자의 상황은 무시한 채 공급자의 상황만을 토대로 적정가격보다 높게 가격을 책정하는 잘못된 판단을 내릴 수 있다. 실제로는 가격을 약간만 낮추면 손실을 줄일 수 있지만 그 자체를 실패라고 생각해 가격을 높게 유지하다가 피해를 더 키우는 것이다.

비슷한 사례로 집값이 하락하는데도 집주인이 높은 이자를 감당하며 버티거나, 본전을 뽑기 위해 건물주가 높은 임대료를 받으려고 하면서 언젠가 그 임대료를 받아들일 세입자가 나타날 것이라고 버티다가 공실이 길어지는 경우가 있다. 버티다 보면 이득으로 돌아올 가능성이 없지 않지만, 더 큰 손해를 볼 확률이 더 높다.

매몰비용은 장기와 단기에서 달라진다

사업에 투입한 비용은 언제나 발생하는 고정비용과 판매액에 따라 비용이 달라지는 가변비용이 있는데, 단기적으로 고정비용은 항상 지출된다. 그래서 단기적 의사결정에서는 고정비용이 매몰비용의 성격을 갖는다. 하지만 좀더 긴 시간을 갖고 고민한다면 사업을 확장할지 지속할지 아니면 포기하고 철수할지를 결정할 수 있는데, 이때는 고정비용 중 일부는 매몰비용이 되고 일부는 회수가 가능해진다.

카페를 운영한다고 해보자. 연휴 기간에 쉴지 계속 영업할지 결정할 때는 (단기적 결정) 연휴 기간에 쉰다고 해서 이미 계약한 매장 임대료를 돌려받을 수 없으므로 이때는 임대료가 매몰비용의 성격을 갖는다. 하지만 장사가 안되는 카페를 폐업할지 말지 결정할 때는 (장기적 결정) 임대계약이 언제까지인지를 반드시 고려해야 한다. 다만 카페 인테리어에 들어간 비용은 폐업을 해도 회수하기 어려우므로 고려해서는 안 되는 매몰비용이다.

고정비용은 그 성격상 장기에서는 매몰비용이 아닌 경우도 있고, 본사와의 계약 또는 법적 보호 여부에 따라 보전을 받을 수 있기에 매몰비용이 아닌 경우도 있다. 그래서 이때는 엄밀하게는 매몰비용이라고 하면 안 되지만, 불확실성이 있다 보니 매몰비용이라는 표현을 종종 쓴다. 이러한 특징 때문에 경제학적 의미에서의 매몰비용이 실제로도 그러한지에 대한 불확실한 경우들이 발생하는 것이다.

매몰비용의 심리를 이용해 헬스클럽에 가자

새해가 되면 헬스클럽 회원권을 호기롭게 끊은 뒤 며칠 뒤부터 제대로 나가지 않는 사람들이 꽤 많은데, 한 설문조사에 따르면 응답자의 71퍼센트가 운동을 포기한다고 답했다. 이때 헬스클럽 등록비는 이미 지불한 데다가 환불도 안 되기 때문에 매몰비용이고, 당장의 이익과 손해만 따지다 헬스장에 나가지 않게 된다. 그렇지만 이는 운동이 너무나 싫고 귀찮아서 매몰비용의 논리로 자기 자신을 합리화하는 행동이다.

현실의 의사결정은 순간적인 감정에 영향을 받고 장기적으로 나에게 이득이 되는 것을 등한시하기 쉽다. 예컨대 운동을 통해 얻는 건강은 장기적이므로 낮게 평가하기 쉬운 반면, 당장 귀찮고 게으른 것은 대단히 중요하게 평가하기 쉽다. 또한 매몰비용의 논리는 실제로도 타당하기 때문에 합리화에 그대로 들어맞는다. 하지만 실제로는 운동을 통해 얻는 건강의 가치를 정확하게 평가하고 운동을 하는 것이 더 좋다.

이럴 때는 매몰비용이니 마음대로 하겠다고 생각하는 것이 아니라, 본전이 아까워서 헬스장에 가는 방향으로 나 자신을 이끄는 것이 더 좋다. 매몰비용의 심리를 이용해 일종의 자기 구속적 계약을 구성하는 것이다. 매몰비용을 의사결정에 포함시키는 것은 비합리적인 결정이지만, 궁극적으로 더 좋은 결과로 나 자신을 이끌 수 있다.

매몰비용에 대해서 생각해볼 수 있는 다양한 경우들이 있지만, 매몰비용이 논란이 되는 근본적 원인은 과거에 결정한 일을 뒤늦게 살펴보았을 때 손실을 보고 있거나 계획한 대로 흘러가지 않았을 때다. 그래서 자기 자신의 실패나 잘못을 부정하고 싶은 무의식에서 매몰비용이 마음속에 남아 있을 수도 있다.

매몰비용 문제를 잘 대처하는 첫 번째 방법은 의사결정을 할 때 매몰비용을 반영하지 않는 것이고, 더 근본적인 방법은 매몰비용을 고민할 상황 자체를 만들지 않는 것이다. 즉 처음에 어떤 결정을 할 때, 최대한 신중하게 결정을 내려서 나중에 후회하거나 실패할 가능성을 줄이는 것이다. 실패를 인정하고 피해를 줄이는 것을 넘어서 실패로부터 배우면 실패할 가능성까지 줄일 수 있다.

국가경제의 이해

4장에서는 국가경제에 대해 설명한다. 다시 말해 '거시경제학'이라고 부르는 내용을 이 장에서 주로 다룬다. 경제 뉴스를 보면 나오는 내용들 중 상당수는 거시경제와 관련되어 있다. '경제가 좋다' '경제가 나쁘다' '물가가 올랐다' '수출이 안 되어서 큰일이다' 같은 말들이 모두 거시경제에 해당하는 것들이다.

이 장에는 거시경제를 이해하기 위한 최소한의 중요한 내용들만을 담았다. 거시경제에서 제일 중심이 되는 개념은 GDP이다. 따라서 GDP를 중심으로 경기침체와 경제위기, 재정정책, 인플레이션, 환율을 설명해나간다. 특히 2022년 이후 인플레이션이 심해지면서 중앙은행의 기준금리 조정이 거시경제를 이해하는 데 대단히 중요해졌기 때문에 이 부분을 설명하는 데 많은 지면을 할애했다. 거시경제는 여러 변수가 복잡하게 얽혀 있어서 쉽게 감을 잡기 어렵지만, 이 책에 담긴 내용이 거시경제를 이해하는 데 조금이나마 실마리가 되기를 바란다.

국가의 경제 규모는
어떻게 판단할 수 있을까

거시경제는 국가 단위로 경제를 본다. 그러면 아마도 제일 먼저 떠오르는 질문은 '국가의 경제력, 국가의 경제 규모의 기준은 무엇인가?'일 것이다. 그 기준이 되는 것이 바로 GDP(국내총생산)라는 경제지표이다. 그렇다면 GDP란 대체 무엇일까? 이 개념부터 정확하게 알아야 거시경제 전체를 잘 이해할 수 있다.

GDP를 알아야 국가경제가 보인다

GDP는 Gross Domestic Product라고 해서, 말 그대로 국내에서 생산된 것들의 가치의 총합이다. 좀더 정확히는 한 나라에서 일정 기간 동안 생산된 최종 재화와 서비스의 시장가치를 화폐단위로 측정한 것을 말한다. 생산 활동을 말하는 경제지표가 경제적으로 풍족하다는 것과 어떤 관련이 있는지 알아보기 위해 국가 전체의 경제 흐름을 살펴보자.

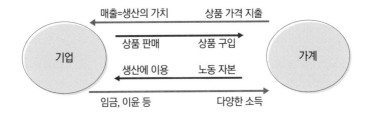

한쪽에 기업이 있고 다른 쪽에는 가계 혹은 국민(개인)이 있다. 기업의 역할은 다양한 상품, 즉 유형의 재화와 무형의 서비스를 생산하는 것이다. 그리고 이 상품들은 가계를 구성하는 개인들이 소비한다. 국민들이 많이 소비할수록 국민들의 생활수준이나 행복도가 더 올라갈 것인데, 이는 생산과도 연관이 있다.

먼저 기업은 무에서 유를 창조해낼 수 없다. 가계가 소비하는 상품을 만들어내기 위해서는 원료도 필요하고 돈도 필요하고 노동력도 필요하다. 이렇게 상품을 만들 때 사용되는 것들을 '생산요소'라고 부른다. 이러한 생산요소는 가계가 제공한다. 기업이 생산을 하고, 가계가 소비함과 동시에 생산요소를 기업에 제공하는 것이 국가 단위 경제에서 상품과 생산요소의 흐름이다.

이것을 돈의 흐름으로 살펴보자. 앞에서 말한 생산과 생산요소의 거래 과정과 반대 방향으로 돈이 흐른다. 가계가 상품을 구입하기 위해 지출한 금액은 기업에는 생산한 것을 판매한 대가로서 기업의 매출이 된다. 기업의 매출은 비용과 이윤으로 나눌 수 있는데, 비용은 다양한 생산요소를 구입할 때 사용하는 것으로, 대표적으로 임금은 노동을 제공한 가계로 되돌아간다. 이윤은 배당소득으로, 이 역시도 가계로 돌아간다. 가계는 그렇게 받은 돈으로 상품들을 구입하면서 즐거움을 누린다. 이것이 국가 단위의 경제활동에서 발생하는 돈의 흐름이자 돈의 순환이다.

여기서 가계가 임금이나 배당소득으로 버는 것들은 '소득'이 된다. 그리고 여러 가지 재화나 서비스를 구입하기 위해 쓰는 돈은 '지출'이 된다. 그 지출은 기업이 생산한 상품에 대한 가치이므로 곧 '생산'이다. 그래서 이것들을 종합하면 '생산=지출=소득'이라는 공식이 나온다. 따라서 제일 간단한 경제모델에서는 GDP가 국민들이 벌어들인 소득 그리고 생산된 것을 구매하는 일에 이용한 총지출과 똑같이 일치한다.

'경제가 좋다'는 말에 담긴 진짜 의미

우리에게 경제가 중요한 이유는 그것이 먹고사는 문제와 직결되어 있기 때문이다. 돈으로 행복을 살 수 없다고 하지만 '돈이 다리미다, 주름살을 쫙 펴준다'는 말도 있다. 경제적 만족이 모든 행복을 설명하지는 못하지만, 경제적 만족으로 행복의 상당한 부분을 설명할 수는 있다. 그리고 가계에게 경제적 만족은 결국 얼마만큼 돈을 버는지는 대한 소득과 얼마나 돈을 쓰고 상품을 소비하는지에 대한 지출과 결부되어 있다. 그런데 앞서 이야기했듯이 생산과 지출과 소비는 같은 것이다. 그러므로 GDP가 높으면 국가 전체 국민들의 경제적 행복도 높아진다.

경제가 좋으면 앞서 살펴본 경제적 흐름이 빨라지고 연결 고리가 두터워진다. 생산과 소비가 활발하게 일어나면 기업은 생산량을 늘리기 위해 고용을 확대하므로 취직도 쉬워지며 모두들 돈을 많이 벌게 된다. 반대로 경제가 나빠지면 이러한 경제적 흐름이 느려지고 연결 고리가 약해진다. 그래서 거시경제에서 제일 중요한 경제지표가 GDP인 것이다. GDP가 좋아지면 생산이 늘어나면서 소비, 고용, 소득 모두 좋아지게 된다.

한때 코로나19 때문에 사람들의 모임이 제한되었다. 사람들이 공장에 모이기 어려워졌기 때문에 생산에 지장이 생겼고, 야간에 사람들이 밖에서 모여서 돈을 쓰기도 어려워졌다. 돈의 흐름이 곳곳에서 약해지면서 도미노처럼 앞뒤 다른 흐름에도 영향을 주어 전체적으로 경제가 나빠지게 되었다. 당시 경제가 얼마나 나빠졌는지는 GDP를 통해 확인할 수 있다.

다만 이때 염두에 두어야 할 것이 있다. 먼저 기업은 상품을 잘 만들기 위해 생산설비에 투자한다. 다른 기업이 생산한 기계나 장비를 가계가 소비하는 것이 아니라 기업이 쓰는 경우이다. 그리고 기업이 번 돈을 가계에 임금으로 주거나 배당으로 나누어주는 것이 아니라 그중 일부분을 기업 안에 남겨두기도 하는데, 이를 '사내유보'라고 한다.

한편 정부의 역할도 중요하다. 거시적으로 정부는 다양한 정책을 통해 시장에 개입하기도 하지만, 정부 스스로 여러 가지 사업을 하기도 한다. 이를테면 국방과 치안을 담당하며 도로를 만들고 공원을 관리한다. 정부가 거둔 세금으로 여러 사업을 벌이다 보면 노동력도 필요하지만 기업의 생산품을 소비하기도 한다. 그래서 지출 측면에만 초점을 맞추면 개인의 소비 외에 정부의 지출, 기업의 투자 이렇게 셋으로 구분할 수 있다.

그런데 이러한 경제모델에서 빠져 있는 것이 바로 수출과 수입이다. 재화와 서비스 시장에서 일부는 국민이 아니라 외국에 있는 사람들이 소비하는데, 그것이 바로 '수출'이다. 반대로 우리나라 국민들이 외국에서 생산한 것을 소비하고 상품을 들여오면 '수입'이 된다. 사실 수출과 수입 때문에 국내에서 총생산한 것과 국민들이 벌어들인 돈은 똑같지 않고 달라진다. 하지만 비슷하게 움직이는 편이다.

예를 들어 손흥민 선수가 2023년 영국에서 벌어들인 돈이 매주 약 3억 4천만 원이라고 한다. 손흥민 선수는 우리나라 국민이기 때문에 그의 수입은 국민소득에 해당한다. 하지만 영국에서 번 돈이므로 GDP에는 안 들어간다. 국가 단위의 경제활동이 얼마나 활발한지가 국가 전체의 경제를 보는 데 더 중요하기 때문에 자국민이 해외에서 번 돈은 제하고 국내에서 일어난 생산 활동을 토대로 GDP를 집계하는 것이다. 그러나 국민들이 얼마나 돈을 벌었는지 역시 중요하기 때문에 이 부분은 가처분소득 계열의 여러 가지 지표로 확인할 수 있다. 손흥민 같은 선수가 벌어들인 소득도 포함하면서 국민들이 세금을 제하고 받은 돈을 보기 위한 지표들이다.

GDP는 완벽한 경제지표일까

GDP는 매우 중요한 경제지표지만, 포함하지 않는 몇 가지가 있기 때문에 해석에 주의해야 한다. 먼저 GDP는 국가 전체 생산의 총합이고, 국민소득이나 가처분소득 역시 소득의 총합이다. 1인당 GDP나 1인당 국민소득을 산출해도 그것은 평균에 불과하다. 즉 GDP는 모든 국민의 생활수준을 말하는 것이 아니라 평균적인 생활수준을 가리킨다. 그러므로 GDP는 효율성과 아주 밀접한 반면 형평성, 불평등 등과는 관련이 낮다. 따라서 형평성과 불평등 지수를 확인하기 위해서는 다른 경제지표들을 이용해야 한다.

또 GDP는 전체적인 변화이기 때문에 산업별로 받는 영향이 다를 수 있다. 즉 GDP는 총합만 보기 때문에 산업별 매출과 전망은 충분히 반영되어 있지 않다. 예컨대 2020년 코로나19가 경제에 준 충격이 상당했는데, 그 와중에 배달 산업, 백신 및 진단키트 산업, 동영상 회의 시스템 등을 만드는 IT 산업 등은 매출이 크게 증가했다.

그리고 다른 지표들 또한 중요하다. 실업률, 고용률, 인플레이션, 수출과 수입 등도 국민들의 경제생활에서 중요하다. 이 지표들 역시 GDP와 관련은 있지만 다르게 움직이기 때문에 제각각 큰 의미를 가지고 있다.

마지막으로 GDP는 시장에서 거래되는 최종재와 최종 서비스의 시장가치의 합으로 계산한다. 수많은 재화와 서비스의 생산을 하나의 숫자 단위로 통합하려면 시장에서 거래되는 가치를 통해 화폐단위로 계산하는 방법밖에 없기 때문이다. 그래서 시장에서 거래가 안 되는 노동은 GDP에 포함되지 않는다. 대표적으로 가사노동은 매우 중요함에도 시장에서 거래되는 부분, 즉 누군가가 고용하는 경우가 아니라면 GDP에 포함시킬 수 없다. 가사노동을 무시하는 것이 아니라, GDP의 집계 방식 때문에 넣을 수가 없는 것이다. 그 밖에도 환경오염이나 탄소 배출 같은 환경적 요소 역시 생활수준과 밀접하지만 GDP에 포함시키기에는 한계가 있다.

그래서 최근에는 GDP를 비판하는 정치적 목소리도 나타나고 있다. 하지만 그럼에도 제일 중요한 경제지표는 GDP이다. 무엇보다 GDP는 직관적이고 명확하다. 생산된 모든 것의 시장가치를 통해 경제 규모를 비교적 정확하게 집계할 수 있고, 1인당 GDP는 1인당 국민소득과 밀접하기에 의미 전달이 잘된다. 그리고 앞에서 설명한 여러 요소를 반영해 단일한 경제지표를 만드는 것은 대단히 복잡하고 어려우며 이해하기에도 힘들다. 그러므로 GDP의 중요성은 강조하되 한계를 수용해 다른 통계자료도 참고하는 것이 최선이다.

GDP와 국민의 행복

매년 발행되는 세계행복보고서를 살펴보면 여전히 1인당 GDP를 국민 행복을 설명하는 중요한 요소로 포함하고 있다. 우리나라의 행복지수 전체 순위는 50위에서 60위 내외이고, 행복지수 내의 1인당 GDP 순위가 20위에서 30위 수준인 것에 비해 전체 순위가 낮은 것은 사실이다. 국민 전체의 행복도를 끌어올리기 위해서 사회적 지지, 삶에서의 선택의 자유 등 다른 항목의 순위를 향상시킬 필요가 있겠으나, 1인당 GDP가 하락하면 국민 행복도가 낮아지기 쉽다. GDP의 상승세가 둔화되거나 감소하면 경제가 어려워지고, 이때 많은 경우 부유층보다 서민들이 더 큰 피해를 본다. 그러므로 경제를 관리하는 거시경제정책은 국민 모두에게 중요하며, GDP를 늘리는 것이 국가경제의 중요한 목표가 된다.

OECD는 '포용적 성장inclusive grwoth'를 강조한다. 이는 소득 불평등과 상대적 빈곤의 심화를 극복하기 위해 사회 구성원의 삶의 질 향상과 분배 문제 해결을 추구하면서 GDP를 키워 나가는 경제성장을 도모하자는 것이다. 이것은 과거의 경제성장 제일주의를 반성하려는 측면도 있지만, 동시에 경제성장의 중요성을 놓치지 않으면서 삶의 질을 개선하려는 시도를 보여준다. 효율성과 형평성, 성장과 분배는 모두 중요하며 국가경제가 추구해야 할 방향이다. 2가지 방향이 서로 달라서 때로는 충돌하지만, 어느 한쪽을 배제하는 것은 다른 한쪽에도 도움이 안 된다. 이것이 형평성 문제에도 주목하면서 동시에 GDP를 중요하게 생각해야 하는 이유이다.

경제는 언제 좋고 언제 위기일까

뉴스를 보거나 주위를 둘러보면 경제는 항상 힘든 것 같다. 경제가 좋다는 말은 듣기 어렵고, 경제가 위기라는 말만 많다. 하지만 곰곰 생각해보면 경제가 항상 위기라는 말도 맞지 않다. 한때는 좋았다가 많이 나빠져야 위기라는 말이 어울린다. 그렇다면 경제는 언제 좋고 언제 나쁜 것일까?

경제성장률에 주목하자

사실 이를 판단할 수 있는 기준이 있다. 바로 GDP이다. GDP는 국가의 경제력이므로 GDP가 낮아지면 경제가 나빠졌다고 말할 수 있다. 물론 GDP는 국가 전반적인 통계이므로 나의 경제적 상황이 안 좋더라도 국가경제는 좋을 수 있고, 나의 경제 상황도 국가경제도 모두 안 좋을 수 있다. 하지만 GDP를 제대로 알면 2가지 경우를 구분할 수 있다.

조금 더 구체적으로 살펴보자. 일단 물가상승률을 고려해야 한다. GDP는 생산을 시장가치로 계산해서 합한 것이므로 만약 동일 제품의 가격이 2배 올랐다면 제품 생산량이 그대로인 경우에도 GDP는 2배가 된다. 하지만 이것은 국가경제 규모의 진정한 의미와 어긋난다. 그래서 가격이 상승한 부분은 빼버리고 새롭게 구한 GDP를 '실질 GDP'라고 부른다. 이 실질 GDP가 경제의 좋고 나쁨을 말하는 기준이 된다.

우리나라를 포함해서 많은 나라에서 매 분기, 즉 3개월 치의 통계를 발표한다. 실질 GDP의 움직임을 보면, 대부분 계속 상승한다. 하지만 어떤 시점에서는 조금 더 많이 오르기도 하며, 어떤 시점에서는 상승세가 꺾여서 평소에 상승하던 것보다 조금 상승하거나 감소하기도 한다. 그래서 이 실질 GDP를 기준으로 매년 혹은 분기마다 경제성장률을 구할 수 있는 것이다. 그리고 이 경제성장률이 바로 경제가 좋은지 나쁜지의 기준이 된다. 경제성장률이 평소 수준보다 높으면 경제가 좋은 것이고, 평소보다 조금 상승하거나 감소하면 경제가 좋지 않은 것이다.

경제가 좋다는 것은 생산이 활발한 것이므로, 소득도 늘어나고 소비도 활발해지고 고용도 증가하고 취업도 쉬워진다. 반대로 경제가 나빠지면 생산도 소득도 줄어들고 소비도 위축되고 고용도 감소하고 취업도 어려워진다. 2020년에 우리나라의 경제성장률이 1년 전 대비 마이너스 0.7퍼센트로 돌아섰는데, 이때는 경제가 안 좋았다고 할 수 있다. 코로나19가 전 세계를 덮치면서 다른 나라들은 우리나라보다 경제성장률이 더 낮아졌다. 2022년에 4분기인 10월에서 12월에는 전기 대비, 그러니까 7~9월에 비해 마이너스 0.4퍼센트를 기록했다. 연 단위는 아니지만 분기 단위로 경제가 좋지 않았던 것이다.

한편 미국의 1인당 GDP 변화를 살펴보면 비교적 높은 성장률을 기록하고 있지만 주기적으로 하락하는 구간들이 보인다. 예를 들면 오일쇼크로 인한 1970년대와 1980년대 경기침체기, 2000년대 후반의 서브프라임 모기지 사태로 인한 경제위기, 그리고 2020년의 코로나19 쇼크가 터졌을 때는 공식적인 경기침체에 해당한다.

경제가 나빠졌다는 것은

경제가 나빠졌다는 것은 다시 구분할 수 있다. 하나는 단기적으로 조금씩 나빠질 때이고, 다른 하나는 장기적인 추세가 나빠지는 때이다. 경제가 단기적으로 안 좋아지는 것은 10년 정도의 추세보다 더 나빠질 때인데, 추세 자체가 계속 나빠지기도 한다는 것이다. GDP의 장기적인 움직임이라는 것은 몇 년 이상에 걸쳐서 나타나기 때문에 판단하기 어렵지만, 여러 국가의 GDP를 서로 비교하면 어느 정도 파악할 수 있다. 어떤 국가는 비교적 지속적으로 GDP가 많이 상승하는 반면, 어떤 나라는 GDP의 상승이 느리게 일어나기도 한다.

GDP의 장기적 추세에 대한 문제를 '경제성장의 문제'라고 하고, 경제성장 자체가 느려지는 것은 '저성장 문제'라고 한다. 반면 GDP의 단기적인 움직임은 '경기변동의 문제'라고 부르고, 경기변동으로 인해 GDP가 일시적으로 낮아지면 '경기침체' 혹은 '경기후퇴'라고 부른다. 경기침체는 공식적으로는 2분기 이상 GDP가 하락할 때를 가리킨다.

경기침체와 저성장 문제는 관련이 있으면서도 엄연히 다르다. 여러 면에서 다르지만 특히 해결책이 다르다. 경기침체를 해결하기 위해서는 중앙은행이 금리를 내려야 하고, 정부가 추경 등을 편성해 지출을 늘려서 단기적인 경기 반등을 꾀하는 것이 정석적인 대처 방법이다. 그에 비해 저성장 문제를 해결하기 위해서는 기업의 투자와 기업가의 혁신 노력, 교육제도 개선, 유망 산업 및 과학기술에 대한 투자, 적절한 구조조정, 국제무역, 불평등 개선 등 수많은 노력이 필요하다.

경기침체는 단기 문제인 만큼 해결책의 효과도 비교적 빠르게 나타난다. 하지만 저성장 문제는 문제 자체도 장기적 문제에 해당하며 해결책에 따른 효과도 느리게 나타난다. 특히 저성장이 심할 때 금리를 내리거나 정부지출을 늘리면 효과가 별로 없거나 오히려 경제에 부작용을 끼치기 쉽기 때문에 조심해야 한다.

경제위기란 무엇일까

경제위기를 어떻게 정의하는지는 사람들마다 조금씩 다르지만, 1997년 우리나라의 외환위기와 2007년 미국의 서브프라임 모기지 사태처럼 경제에 심각한 문제가 생겼을 때를 경제위기로 보는 것에는 대부분 동의할 것이다. 어쨌거나 외환위기나 금융위기가 발생하면 순식간에 경제가 심하게 나빠질 때가 많고 잘못하면 국가부도 사태로 이어지기도 한다.

이것을 막으려면 정부가 금융시장을 적절하게 관리해야 하고, 외환보유고를 효율적으로 운용하며, 높은 국가신용등급을 유지하기 위해 힘써야 한다. 국가경제가 전체적으로 얼마나 튼튼하고 잘 성장하고 있는지도 경제위기 예방과 관련 있지만, 저성장이나 경기침체 문제 외에 외환 및 금융시스템의 관리가 더 밀접하게 연결되어 있기 때문이다.

이처럼 저성장이나 경기침체, 외환위기 및 금융위기는 모두

GDP가 하락하거나 상승세가 꺾이는 과정을 동반한다. 그러나 자세히 들여다보면 GDP의 단기적 추세와 장기적 추세, 변하는 정도가 다르며, 무엇보다도 이러한 문제가 발생하는 배경과 원인이 다르기 때문에 예방책과 해결책에도 차이가 난다. 이것은 '몸이 아프다'라는 것만으로 치료를 어떻게 해야 할지 파악하기 어려운 것과도 비슷한데, GDP가 낮아지면 몸이 아픈 것은 맞지만 그것만으로는 정확한 치료법을 찾기 어렵다. 저성장 문제는 기초체력이 나쁜 것이나 과체중과 비슷해 평소에 골고루 잘 먹고 운동을 열심히 하면 된다. 하지만 감기몸살이나 간염 같은 여러 가지 질환이 있다면 정확한 원인을 파악한 뒤 그에 맞는 방법으로 치료해야 하며, 외환위기나 금융위기는 교통사고나 뇌출혈처럼 긴급한 상황에 비유할 수 있다.

그러므로 경제위기라는 말을 남용하는 것은 좋지 않다. 이 단어만으로는 문제를 어떻게 해결해야 하는지, 어떤 대책이 중요하고 우선시되어야 하는지에 대한 답을 충분히 주지 못한다. 그리고 이 말을 평소에도 자주 쓰면 국민들이 경제위기라는 단어를 심각하지 않게 받아들이게 되며, 긴급하고 거대한 위기가 정말로 발생했을 때 국민들을 설득하기도 어렵고 위기 극복을 위한 국민들의 동참을 이끌어내기도 어려워지기 때문이다.

한국은행은 왜 기준금리를 움직이는 걸까

예금이나 적금을 들면 이자가 쌓여 돈을 불릴 수 있고, 주택담보대출로 돈을 빌리면 이자를 갚아야 한다. 이렇게 돈을 빌리고 빌려줄 때 이자율의 종류는 다양하며 이자율이 변동하기도 한다. 특히 2022년부터 대부분의 이자율이 굉장히 많이 올랐다. 그래서 변동금리로 돈을 빌린 사람은 높은 이자율 때문에 큰 어려움을 겪었다.

이자율이 오른 이유는 무엇일까? 그 이유는 다양하다. 자금의 수요와 공급에 따라 달라지기도 하며, 개인의 신용등급 및 담보 유무에 따라 달라지기도 하고, 단기금리와 장기금리에 따른 차이도 있다. 하지만 2022년부터 일어난 이자율 상승의 제일 큰 원인은 중앙은행이 기준금리를 올렸기 때문이다.

기준금리는 중앙은행이 결정한다. 우리나라는 한국은행이 1년에 8번 기준금리를 내릴지 올릴지 동결할지 발표한다. 미국도 미국의 중앙은행이 기준금리를 조정한다. 기준금리가 올라가면 다른 금리도 올라가고, 기준금리가 내려가면 다른 금리도 내려간다. 그렇다면 중앙은행은 왜 기준금리를 조정하는 것일까?

앞에서 GDP가 중요하다고 했다. GDP가 낮아지는 것은 좋지 않고 이른바 국민들 생활에 악영향을 주기 때문에 정부와 중앙은행은 GDP를 높이려고 한다. GDP가 단기적으로 낮아지는 경기침체 내지는 경제위기에 처했을 때 상식적이고 기본적인 대처 방식으로는 2가지가 있다. 하나는 정부가 돈을 더 쓰는 것이고, 다른 하나는 중앙은행이 기준금리를 인하하는 것이다. 앞서 GDP는 지출 측면에서 가계의 소비, 정부지출, 기업의 투자로 나뉜다고 한 부분을 상기해보자.

재정정책과 통화정책

경기가 침체되면 소비심리가 위축되고 생산 활동도 감소하고 소득도 줄어들면서 경기침체가 더 심해진다. 이때 정부가 돈을 써서 상품을 직접 구입하거나 국민들에게 돈을 주거나 세금을 낮추어 구입을 유도하는 식으로 도와주면 경기를 부양시키는 효과가 있다. 이것을 '재정정책' 혹은 '확장재정'이라고 부른다.

다음은 중앙은행이다. 중앙은행이 기준금리를 낮추면 이자율이 전체적으로 낮아진다. 그러면 기업은 미래를 위해 투자하기 좋아진다. 기업의 투자는 대개 돈을 빌려 새로운 사업을 시작하거나 확장한 뒤 나중에 수익이 발생하면 빌린 돈을 갚는 형태로 이루어진다. 따라서 이자율이 높으면 이자 부담 때문에 사업을 확장하기 어려워지지만, 이자율이 낮으면 이자 부담이 줄어들어서 투자가 늘어난다.

개인(가계)은 이자율이 내려가면 저축을 줄이고 소비를 늘린다. 개인이 돈을 벌면 2가지 선택 가능성이 있는데 하나는 소비하는 것, 즉 돈을 쓰는 것이고 다른 하나는 저축하는 것이다. 이자율이 낮으면 돈을 빌려서라도 소비할 수 있지만 이자율이 올라가면 돈을 빌리기 무서워진다. 또 이자율이 높으면 은행에 적금만 해도 돈이 들어오지만 이자율이 낮으면 적금을 부어도 이자가 별로 쌓이지 않는다. 그렇기 때문에 이자율이 낮아지면 소비가 촉진되는 효과도 있다.

이러한 효과를 기대하면서 중앙은행이 기준금리를 낮추는 것을 '통화정책'이라고 부른다. '소비가 미덕'이라는 말이 있다. 이 말은 경제가 나빠질 때, 기업에게는 물건이 팔리지 않는 것이 제일 큰 문제이므로 개인이나 정부가 물건을 구매해 경제를 떠받

쳐주면 기업이 조금씩 살아나면서 경제가 살아나는 효과가 있다는 것을 의미한다.

그렇다면 경제가 안 좋을 때 재정정책이나 통화정책을 쓰면 모든 문제가 해결될까? 이론적으로는 앞에서 말한 경기침체나 경제위기일 때 이 정책들을 쓰는 것이 맞지만, 이미 경제가 추세적으로 적당한 성장을 할 때는 효과가 없거나 오히려 부작용을 야기할 수 있다.

재정정책은 정부가 돈을 쓰는 것인데, 정부가 무한정 돈을 쓸 수는 없으므로 위기 시에 대처할 수 있게 평소에는 돈을 비축해 두었다가 쓰는 것이 기본 원리다. 그러니 너무 많은 돈을 쓰게 되면 정작 중요한 순간에는 쓰지 못할 수 있기 때문에 조심해야 한다. 통화정책도 금리를 낮추는 것인데, 경제침체가 아님에도 금리를 낮추면 침체된 경제활동의 흐름이 원활해지는 것이 아니라 부동산이나 주식 등 자산시장으로만 돈이 더 많이 흘러들어가기 때문에 위험하다.

그리고 경제가 나빠져도 경기침체일 때는 재정정책이나 통화정책의 효과가 있지만, 추세 자체가 약해지는 저성장이라면 이 정책들의 실효성이 떨어진다. 장기적으로 추세가 나빠진다면 이른바 체질 개선, 구조개혁, 중점산업 투자, 더 나아가 교육과 과학에 대한 투자 등 다양한 형태의 장기적인 정책이 필요하다. 또한 단기적인 침체일 때는 앞에서 말한 것처럼 소비가 도움이 되지만, 장기적으로는 사람들이 저축을 해서 기업이 은행에서 돈을 빌려다 쓰기 쉽게 만드는 것이 경제에 더 좋다.

그런데 경제가 나빠질 때 이것이 경기침체인지 아니면 저성장이 심해지는 것인지 쉽게 알기는 어렵다. 몇 년 후라면 두 상황을 구분할 수 있지만, 지금 당장이라면 사람들마다 해석이 달라질 수 있기 때문이다. 그래서 학자들과 정치인들 사이에서 논쟁이 벌어지기도 하는 것이다. 따라서 좀더 디테일한 부분까지 진단하고 조심스럽게 접근해야 한다.

돌발 변수, 인플레이션

그리고 여기에 또 하나 중요한 변수가 있다. 바로 인플레이션이다. 인플레이션은 특정 상품의 가격만이 오르는 것이 아니라, 여러 상품의 가격이 전반적으로 오르는 것을 말한다. 전반적인 물가수준을 판단하는 물가지수를 구한 뒤 물가지수 상승률을 통해 인플레이션이 얼마나 심해졌는지 확인할 수 있다.

앞서 중앙은행이 금리로 경기를 조절한다고 했지만, 사실 중앙은행의 더 중요한 일은 인플레이션이 심해지는 것을 막는 것이다. 중앙은행의 제일 중요한 목적은 화폐가치를 안정적으로 관리하는 것인데, 인플레이션이 심해져서 상품들의 가격이 자주 변동하면 경제활동에 애로 사항이 발생하고 국민들의 생활도 어려워진다. 그러므로 중앙은행은 인플레이션을 막아야 하는 임무가 있으며, 그것을 수행하기 위해 가장 먼저 금리를 올리는 것이다.

지난 30여 년간은 인플레이션이 낮게 유지되어 GDP와 실업률 문제를 중점적으로 관리하면서 금리를 결정하기가 비교적 수월했는데, 2022년에는 극심한 인플레이션으로 인해 인플레이션 관리가 발등에 불이 떨어진 격이 되었다. 그래서 미국 기준금리가 2022년부터 엄청나게 올라가면서 저금리 시대가 끝이 나고 고금리 시대로 들어섰다. 이때 우리나라도 기준금리를 많이 올렸으며, 그에 따라 많은 사람이 고금리의 영향을 받게 되었다. 2008년 이후 중앙은행의 제일 큰 고민은 저금리를 유지하면서 어떻게 추가로 경제를 부양할 수 있는지였지만, 2022년부터는 금리를 높여서 인플레이션을 막는 것으로 바뀌었다.

점심값은 왜
오르기만 하는 걸까

월급은 그대로인데 상품 가격은 떨어질 줄 모르고 계속해서 오르기만 한다. 점심값은 물론 버스요금, 채소와 과일 등 꽤 많은 상품의 가격이 줄줄이 올랐다. 아마 장바구니물가에 민감한 사람이라면 2022년부터 이러한 변화를 체감했을 것이다. 보통은 약간의 인플레이션이 항상 발생하며, 한국은행은 2퍼센트 정도의 인플레이션을 목표로 삼는다.

인플레이션은 왜 발생할까

　지난 30여 년간은 안정적이었던 인플레이션이 2022년을 기점으로 전 세계에서 심각해졌다. 우리나라는 2022년 7월의 소비자물가 상승률이 전년 동월 대비 6.3퍼센트를 기록했는데, 이는 외환위기 시절 이래 가장 높은 수준이었다. 다만 물가상승률은 이후 점차 낮아지면서 2023년 6월에는 2.7퍼센트 수준까지 떨어졌다. 외국은 더 심한 인플레이션이 발생해 2022년 5월 기준 OECD 평균 물가상승률은 9.6퍼센트를 기록했다. 우리나라뿐 아니라 전 세계 다른 선진국들도 20년에서 30년 만에 처음 겪는 높은 인플레이션이었다.

　이번 인플레이션은 발생 배경이나 원인이 매우 복잡하다. 코로나19로 인한 경제위기를 수습하기 위해 정부가 워낙 많은 돈을 쓰고 금리를 크게 낮춘 것도 원인 중 하나이며, 러시아의 우크라이나 침공으로 인한 혼란도 중요한 원인으로 작용했다. 어떤 원인이 가장 큰 영향을 끼쳤는지 단언하기 어렵다. 하지만 확실하게 말할 수 있는 건 인플레이션은 국민들에게 고통을 준다는 것이다.

　우리는 생활을 위해, 즐거움을 위해 다양한 물품과 서비스를 구매한다. 그런데 가격이 오르면 구입하기 더 어려워진다. 월급만으로 생활비를 충당할 수 없게 되면 그만큼 소비할 수 있는 것들이 줄어들게 되고 살림살이가 팍팍해진다. 그런 면에서 인플레이션은 소득이 줄어드는 것과 비슷한 효과를 가져온다. 이것이 인플레이션으로 인해 사람들이 경험하는 제일 중요한 피해이다.

다만 다른 경제적 고통인 국민소득 감소나 실업률 증가에 비해 인플레이션은 약간 더 복잡하다. 한번 가정해보자. 인플레이션이 발생한다고 하더라도 소득이 증가한다면 어떻게 될까? 수입이 2배로 많아지면 물품과 서비스 가격이 2배 증가해도 별문제가 되지 않는다. 또 수입이 3배로 많아지면 상품 가격이 2배 오르더라도 계산해보면 이익이다. 그래서 GDP로 계산할 때는 GDP 상승에서 인플레이션을 배제한 실질 GDP의 상승률을 기준으로 해야 하는 것이다.

하지만 실질 GDP가 증가하더라도 인플레이션이 상당히 높은 수준이라면 문제가 된다. 일단 이 경우에는 앞에서 설명한 실질소득 감소의 문제, 즉 소득보다 물가가 더 많이 올라서 생기는 문제가 적어도 국민 전반에 걸쳐서 발생하지는 않는다.

인플레이션은 왜 문제가 될까

극단적인 경우인 하이퍼인플레이션을 생각해보자. 1920년대 독일에서는 월평균 50퍼센트 이상, 1년간 물가수준이 100배 이상 증가하는 인플레이션이 발생해 정상적인 화폐 거래가 불가능해지면서 경제가 걷잡을 수 없는 혼란에 빠지기도 했다. 지금도 심각한 인플레이션으로 국가적인 혼란을 겪는 나라들이 상당하다. 이를테면 스리랑카는 2022년 6월, 연 54.5퍼센트의 인플레이션으로 대규모 시위가 발생해 고타바야 라자팍사Gotabaya Rajapaksa 대통령이 해외로 도피하고 라닐 위크레마싱헤Ranil Wickremesinghe 총리(현 스리랑카 대통령)가 사임했다. 튀르키예 역시 2022년 6월, 연 78.6퍼센트라는 사상 초유의 인플레이션을 기록했다.

인플레이션은 상품들의 가격이 오르는 것이다. 즉 동일한 상품을 사기 위해서 더 많은 돈이 필요해졌다는 뜻이고, 이는 곧 돈의 가치가 떨어졌다는 뜻이다. 하이퍼인플레이션이 발생하면 화폐가 제 기능을 하지 못하게 된다. 시장경제는 사람들이 화폐를 이용해 원활하게 상품을 거래하면서 작동한다. 하지만 하이퍼인플레이션은 화폐의 가치를 정지시켜 시장경제 기능 자체에 큰 타격을 준다.

현재 선진국들이 스리랑카나 튀르키예 같은 높은 수준의 인플레이션을 경험할 가능성은 낮다. 연 10퍼센트의 인플레이션의 피해가 연 50퍼센트를 넘는 수준의 인플레이션의 피해처럼 심각하지는 않다. 하지만 그래도 혼란과 피해는 발생한다. GDP가 상승한다고 해서 모든 국민의 생산이나 소득이 다 같이 증가하는 것이 아니라고 했듯이, 인플레이션이 발생한다고 하더라도 모든 상품의 가격이 똑같이 상승하는 것은 아니다. 어떤 상품은 가격이 더 크게 오르고, 또 어떤 상품은 가격이 별로 오르지 않기 때문에 사람들마다 받는 이득과 손해도 제각각이다.

예를 들어 회사원 A는 연봉 계약에 따라 임금을 받는데 인플레이션이 크게 발생한다면 임금은 그대로이므로 손해이다. 반면 회사는 실질적으로는 A를 저렴한 임금에 고용했으므로 이득을 본 셈이다. 매년 일정한 금액을 받는 연금 생활자는 연금의 실질적인 가치가 감소했기 때문에 손해이다. 한편 고정금리로 대출을 받은 사람들은 갚아야 할 금액의 실질적인 가치가 감소하므로 이득이지만, 변동금리로 대출을 받은 사람들은 중앙은행이 인플레이션에 대응해 금리를 올린다면 피해를 볼 가능성이 크다.

게다가 인플레이션이 심해지면 그 변동성을 예측하기도 어렵다. 가격이 시시각각 변하므로 기업들은 가격을 자주 변경해야 해서 물류비용이 높아진다. 또 상품들 간에 가격이 다르게 움직이면서 경제활동의 효율성이 감소하고, 세금과 관련된 조세체계도 이해득실이 복잡해진다. 그리고 인플레이션은 명목이자율과 실질이자율에도 상당한 영향을 주는데, 그 결과 주식과 부동산 등 자산 가격에도 큰 충격을 준다.

이러한 의미에서 높은 인플레이션은 2020년 전후로 발생한 아파트 가격 급등과 비슷한 측면이 있다. 분명히 누군가는 이익을 보았고 누군가는 손해를 보았다. 그러나 이익을 본 사람들도 어려움을 겪었으며, 사회 전반적으로 상당한 불편함과 불안함을 초래했다. 인플레이션은 아파트 가격뿐만 아니라 좀더 다양한 상품에 비슷한 문제를 일으켜 복잡한 형태로 사람들에게 이득과 손해를 주며, 그 과정에서 경제 전반에 피해를 끼친다.

인플레이션을 막을 수 있을까

그렇다면 인플레이션을 막을 수 있는 방법은 없을까? 중앙은행이 금리를 올리면 된다. 그러면 대출이 감소하고 통화량이 줄어들면서 인플레이션을 잡을 수 있다. 보통 중앙은행이 한두 달에 1번 직접 금리를 결정하므로 이 정책은 즉각 실행할 수 있어 인플레이션을 빠르게 억누를 수 있다는 장점도 있다.

하지만 금리를 올리면 단기적으로 경제를 옥죄어 GDP에 악영향을 줄 수 있다. 즉 인플레이션의 원인과 전개에 따라 고금리가 경제에 주는 영향은 다양하게 발생할 수 있으며 위험성도 상당히 크다고 할 수 있다.

2022년부터 미국과 우리나라는 기준금리를 인상했다. 그해 초반 0~0.25퍼센트였던 미국의 기준금리가 같은 해 연말에는 4.25~4.5퍼센트로 올랐고, 2023년 7월에는 5.25~5.5퍼센트까지 상승했다. 이러한 결정은 고금리가 GDP에 줄 수 있는 악영향보다는 높은 인플레이션이 경제에 주는 악영향이 더 크다고 판단해 내린 것이다.

2023년 하반기 기준으로는 이러한 결정 덕분에 인플레이션을 막아냈다는 평가가 우세하다. 우려했던 실업률이나 GDP 관련 문제는 일어나지 않았다. 그러나 기준금리의 인상으로 인한 불안 요소는 아직 남아 있으므로 속단하기에 이르다. 여러 경제 전문가와 경제학자가 향후 경제전망을 내놓고 있지만, 언제나 그렇듯이 세상일에는 변수가 발생하기 마련이기 때문이다.

그리고 인플레이션과 GDP 문제가 충돌하는 것을 보면 경제가 단순히 저소득층과 고소득층의 분배 문제로 접근하기 어렵다는 것도 알 수 있다. GDP가 줄어들면 실업문제가 심해져 서민들이 피해를 보지만, 인플레이션 역시 가난한 사람들에게 더 피해를 주기도 한다. 왜냐하면 중산층은 인플레이션에 따라 질이 낮고 저렴한 제품을 구입하거나 할인 기회를 더 적극적으로 찾으면서 대응할 수 있지만 이미 지출 수준이 낮은 빈곤층은 추가로 더 생활비를 줄이기가 어렵기 때문이다. 그래서 형평성도 중요한 문제이지만, 거시경제 문제는 좀더 다차원적인 접근이 필요하다.

환율이 오르면 정말
경제가 흔들리는 걸까

2022년 여름부터 2023년 가을까지, 원 달러 환율이 많이 상승했다. 환율은 원래 변동이 심한 편이지만, 1,250원대에서 1,450원대까지 올랐다가 다시 내려갔다가 또 1,350원까지 올랐다가를 반복했다. 이와 관련해 '환율이 크게 오르고 있으므로 우리나라 경제는 위기에 봉착했으며, 한국은행이 기준금리를 올려서 환율을 낮춰야 하는데 기준금리를 올리지 않는 것이 문제의 원인이다'는 이야기가 많이 보였다. 그렇다면 첫 번째로 생각해볼 문제는 '환율이 오르면 경제가 위기인가?' 하는 점이고, 두 번째는 환율을 낮추어야 하는지, 그리고 환율을 낮출 수 있는지에 대한 문제이다. 세 번째는 기준금리를 올려야 하는지에 대한 것이다. 환율에 대한 이해부터 시작해서 기준금리에 대한 이야기도 다시 한번 생각해보자.

매일 달라지는 환율

환율은 서로 다른 두 국가의 화폐를 교환할 때 이용되는 교환 비율이다. 나라마다 서로 다른 화폐를 사용하기 때문에 다른 나라와 거래를 하려면 환율을 적용해 자국 화폐와 외국 화폐를 교환해야 한다. 흔히 많이 쓰이는 원 달러 환율은 1달러가 원화로 얼마인지를 의미하므로 1달러가 1,000원에서 1,200원이 되면 달러 가치가 올라가는 것이고, 반대로 말하면 원화 가치는 낮아지는 것이다.

환율은 화폐에 대한 수요와 공급에 따른다. 예를 들어 외국인들이 우리나라에 대한 투자를 많이 하면 원화에 대한 수요가 높아져 원화 가치는 상승하고 환율은 하락한다. 우리나라가 수출을 많이 해도 환율은 하락하는 방향으로 움직인다. 혹은 우리나라 금리가 올라도 한국은행에서 이자를 많이 주는 만큼 우리나라에 외국 투자가들이 늘어나게 되므로 환율 하락 쪽으로 영향을 준다.

그렇다면 환율이 오르면 자국의 투자가 줄어들고 수출이 안되고 있다는 증거일까? 관련성이 높지만 이것만으로 설명하기는 어렵다. 첫 번째로 흔히 말하는 원 달러 환율은 미국 달러와 우리나라 원화의 교환 비율이다. 그러므로 우리나라 경제 변화에도 영향을 받지만 미국 경제의 변화에도 영향을 받는다. 예를 들어 어떤 원인 때문에 미국에 돈이 많이 모이면 우리나라 경제에 변화가 없어도 원 달러 환율은 상승하게 된다. 이것을 확인하는 간단한 방법은 우리나라와 미국 외에 다른 나라의 환율도 같이 보는 것이다. 2022년 초부터 2023년까지 원 달러 환율은 상당히 올라갔지만, 반대로 원 엔 환율은 낮아졌다. 원 유로 환율도 올라가기는 했지만 원 달러 환율과 다르게 움직이는 경향을 보였다.

만약에 다른 나라에는 큰 변화가 없는데 원화 가치가 많이 낮아지고 환율이 크게 올랐다면 그것은 상당한 경제위기 신호다. 실제로 1997년 IMF 외환위기 당시에 원 달러 환율이 몇 달 사이에 800원 대에서 1,900원까지 올랐다. 하지만 2022년과 2023년의 환율 변동은 그 수준까지는 아니었다. 또한 IMF 당시에 외환보유고는 한때 20억 달러 수준까지 낮아졌지만, 2023년 9월 기준 4천 억 달러 이상을 유지하고 있으므로 위기에 방어할 수 있는 능력이 충분한 편이다.

환율을 의도적으로 조정하면 어떻게 될까

그러면 환율을 낮추면 경제에 도움이 될까? 정부가 의도적으로 시장에 풀린 원화를 흡수하거나, 원화 공급을 늘리거나, 외환보유고를 사용하면 환율에 영향을 줄 수 있다. 하지만 환율 시장에 무리하게 개입하는 것은 심각한 부작용을 일으킬 수 있다.

환율을 의도적으로 낮추게 되면 자국의 화폐가치가 올라간 것이므로 대외적으로는 경제가 튼튼해 보이지만 이 과정에서 외환보유고가 소모되므로 자칫하면 경제가 크게 위험해진다. 1997년 IMF 외환위기 또한 무리하게 환율을 낮게 유지하기 위해 외환보유고를 소진한 것이 결정적인 타격이 되었다.

반대로 환율을 의도적으로 높이면 수출기업에 도움은 되지만 그만큼 외국에 상품을 싸게 판 것이 되므로 외국에 유리한 부분도 있다. 환율과 수출의 관련성은 생각보다 복잡하다. 최근에는 달러 가치가 올라가면 우리나라의 수출이 오히려 떨어지는 형태의 상관관계도 나타나고 있어서 환율을 높이는 방식이 어떤 결과를 가져올지 예측하기 어렵다.

그래서 환율을 높이거나 낮추는 방법에 대해서는 나라들마다, 사람들마다 의견이 엇갈리기 때문에 쉽게 결론을 내릴 수 없다. 하지만 많은 시장주의 국가가 외환시장 개입을 최대한 자제하면서 시장 흐름을 따라가되, 갑작스러운 환율 변동이 나타나면 개입하는 방식을 따르고 있다. 경제를 발전시켜 우리나라에 투자하는 사람들이 많아지게 해 원화 가치가 올라가게끔 하는 것이 적절한 방법이지, 원화 가치를 인위적으로 변동시켜서 경제를 좋게 만드는 것은 위험성이 크다. 즉 정부 당국이 움직일 수 있는 정책 변수로 환율을 인식하는 것보다는 정책의 결과로 인식하는 것이 더 적합하다고 할 수 있다.

정부와 중앙은행의 역할 분담

환율에 영향을 주는 또 다른 방법은 기준금리를 움직이는 것이다. 간단하게 말해서 미국의 은행과 우리나라의 은행이 있는데, 우리나라의 은행들이 금리를 올리면 금리 때문에 미국으로 갈 돈 일부가 우리나라로 이동하게 되고 그 결과 원화의 인기가 높아지고 환율이 하락하게 된다.

2022년부터 원 달러 환율이 높아졌는데, 이것은 상당 부분 미국의 연방은행이 기준금리를 많이 올림으로써 달러의 인기가 높아져 일어난 일이었다. 미국이 기준금리를 올리면 상대적으로 원화의 수요는 낮아지고 원 달러 환율은 높아진다. 우리나라와 미국의 기준금리 격차가 커지면 경제에 부담이 된다. 이창용 한국은행 총재가 "한국은행이 정부로부터는 독립적이지만 미국 중앙은행인 연방준비제도Fed(연준)로부터는 그렇지 않다"고 말한 것도 이 때문이다.

그렇다고 해서 기준금리를 움직이는 일 역시 그리 간단하지 않다. 한국은행이 기준금리를 조정할 때는 인플레이션 관리, 경기변동 조정, 금융시장 안정 등을 모두 고려해서 결정해야 한다. 환율이 너무 오르면 금융시장이 불안해지므로 환율상승에 대한 대책을 마련해야 하는 것은 맞지만 그런 수준의 환율 변동이 아니라면 한국은행은 인플레이션과 경기침체 방지를 더 우선적인 정책목표로 삼는다.

기준금리를 올리면 인플레이션을 진정시킬 수 있지만 실업률이 늘어날 수 있다. 기준금리를 내리면 경기부양 효과를 기대할 수 있지만, 인플레이션이 나타날 수도 있고 주식가격이나 아파트 가격이 과도하게 오르면서 문제가 발생할 수도 있다. 그리고 경제가 나쁘지 않을 때 기준금리를 너무 내리면 경제가 부양되는 효과도 반감된다. 따라서 환율도 고려해야 하지만 기준금리가 경제에 미치는 영향들도 같이 검토해야 한다.

기준금리는 한국은행의 금통위원 전문가들이 논의해서 결정한다. 사실 기준금리는 올리거나 동결하거나 내리는 것이 전부다. 그렇기 때문에 기준금리 조정 외에 다른 경제정책을 수반해야 하며, 이것은 중앙은행이 아닌 정부의 정책을 통해서 이루어져야 한다. 예컨대 금리를 올려야 한다고 주장하는 사람들 중에는 환율과 함께 아파트 가격을 낮추기 위해서라고 이야기하는 사람들이 있다. 하지만 기준금리는 경제의 모든 부분에 큰 영향을 준다. 아파트 가격을 낮추려면 과도한 부동산 부양책에 문제 제기를 하거나 아파트 공급 문제, 종부세를 포함한 세금 문제 등을 종합적으로 검토해야 한다. 기준금리 문제로만 한정 짓기에는 어렵다는 것이다.

1997년에 우리나라가 겪은 경제위기가 사회에 미친 충격이 상당히 컸기 때문에 몇몇 경제 현상은 사람들의 공포를 자극하기도 한다. 그래서 어떤 사람들은 재정 균형에 지나치게 집착하기도 하고, 환율이 높아지거나 외환보유고가 낮아지는 것에 민감하게 반응하기도 한다. 하지만 그로부터 많은 시간이 흐른 데다가 우리나라 경제는 그때보다 매우 튼튼해졌다. 우리나라의 신용등급도 매우 높으며 외환보유고도 상당히 많은 편이다. 또한 한국은행의 기준금리 결정은 다른 더 중요한 문제 관리를 목적으로 하며, 기본적으로 기준금리를 결정할 때 다른 요인들의 영향을 무시하기 어렵다. 우리나라 경제가 흔들리는 부분이 있더라도 너무 위기라고 생각할 필요는 없으며, 한국은행의 금리정책도 중요하지만 정부의 역할이 때로는 더 중요하다는 것도 기억해야한다.

5장

투자와 금융의 원리

경제학을 전공했다고 하면 많은 사람이 어떤 주식이 오를 것 같은지를 물어본다. 실제로 경제학과 투자론은 상당한 연관이 있고, 투자론의 몇 가지 중요한 원리는 경제학에 근거를 둔다. 이 장에서는 경제학과 투자론의 접점에 대해 살펴본다. 구체적인 위험을 어떻게 관리해야 하는지, 분산투자란 무엇인지, 사람들의 심리와 비이성적 기대가 미치는 영향을 알아야 한다. 그리고 이러한 내용들을 앞서 살펴본 거시경제 부분과 연결 지어 이해할 수 있다면 거시경제 뉴스를 보고 투자에 미치는 영향을 읽어낼 수 있을 것이다. 이 책에서 어떤 기업이 전도유망하고, 어떤 산업이 뜨는지 포착하기 위한 회계적 지식이나 부동산 투자를 위해 필요한 특정 지역에 대한 정보를 직접 다루지는 않지만, 투자와 금융의 원리를 이해하면 이를 토대로 다른 전문 지식에 대한 이해의 깊이도 넓어질 것이다.

100퍼센트 확률의 10억 원과
50퍼센트 확률의 100억 원 중에서
선택해야 한다면

한 인터넷 예능 프로그램에서 두 방송인이 토론하는 모습을 본 적이 있다. 50퍼센트 확률로 100억 원을 받는 것과 100퍼센트 확률로 10억 원을 받는 것 중에서 무엇이 더 좋은지 이야기하는 장면이었다. 한 사람은 확실한 10억 원이 좋다고 하고, 다른 사람은 50퍼센트 확률이라도 100억 원이라는 큰돈을 받는 쪽을 고르겠다고 이야기했다. 생각만 해도 행복한 고민이다. 100억 원과 10억 원 중에서 고르라고 하면, 다들 100억 원을 고르겠지만 확률이 들어가는 순간 고민이 시작된다.

확률과 위험을 대하는 사람들의 태도

불확실한 것을 뜯어보는 1단계는 확률과 위험을 이해하는 것이다. 동전을 던져서 앞면이 나오면 1만 원을 받고, 뒷면이 나오면 1만 원을 내야 한다고 했을 때 동전의 앞면과 뒷면이 나올 확률은 반반이다. 이 게임은 특정한 결과가 나오는 확률을 정확히 파악할 수 있다. 로또 역시 상금과 당첨 확률이 알려져 있기 때문에 사람들은 이를 보고 구입할지 말지를 결정하면 된다. 확률이 있다면 기댓값을 생각할 수 있다. 확률을 감안해 평균적으로 어느 정도 얻을 수 있는지 평가하는 것이다. 기댓값은 클수록 좋다.

또 생각할 수 있는 것은 확률적으로 결과가 달라지는 위험 측면이다. 사람들은 일반적으로 이러한 위험을 싫어하지만, 성향에 따른 차이가 있을 수 있다. 예를 들어 아무것도 하지 않아도 100만 원을 받을 수 있는 경우와, 동전을 던져서 앞면이 나오면 200만 원을 받는 경우는 기댓값 기준으로는 동일하다. 이 2가지 선택지 중 하나를 선택하라고 하면, 전자를 선택하는 경우가 더 많다. 이렇게 덜 위험한 쪽을 고르는 것을 '위험기피' 혹은 '위험회피'라고 부른다.

위험을 회피하는 정도는 사람들마다 달라서 위험을 강하게 회피하는 사람도 있는 반면, 위험을 회피하는 정도가 낮아서 기댓값이 많이 크면 위험해도 기댓값이 큰 쪽을 선택하는 사람도 있다. 그러므로 상금과 벌금의 구체적인 액수, 위험 감수 성향, 가진 자산 등 여러 가지 조건에 따라 사람들의 선택은 매우 다양하게 나타날 수 있다.

100퍼센트의 확률로 받는 10억 원과 50퍼센트의 확률로 받는 100억 원 중 하나를 선택하는 경우 확률은 2배 차이지만 금액은 10배 차이가 난다. 그렇지만 10억 원은 100퍼센트 받을 수 있고, 100억 원은 50퍼센트의 확률로 받지 못할 수도 있다. 위험을 기피하는 정도가 큰 사람이라면 확실한 10억 원을 받는 걸 더 좋아할 수 있다. 반대로 위험을 기피하는 정도가 낮은 사람이거나 위험에 대해 중립 또는 위험을 선호하는 사람이라면 100억 원이라는 아주 큰돈을 받을 가능성을 높이기 위해 돈을 받지 못할 위험도 감수할 수 있다.

그리고 선택하는 사람의 자산도 중요하다. 어느 정도 안정적인 직업과 가정이 있는 사람에게는 100억 원의 가치가 단순히 10억 원의 10배가 아니라 그 이상으로 다가올 수 있다. 하지만 7억 원 정도 빚을 지고 있는 사람에게는 하루빨리 빚을 갚고 채권자와의 관계를 끝내는 것이 더 중요하기 때문에 50퍼센트의 확률로 받을 수 있는 100억 원보다는 확실하게 받을 수 있는 10억 원이 더 중요하고 가치 있다. 이 선택지에서 정답은 없다. 본인이 더 만족할 수 있는 것이 곧 정답이다.

위험이 주는 흥미와 긴장감

앞에서는 정확한 확률을 알고 있는 예시를 이야기했지만, 현실에서는 정확한 확률을 모를 때가 많다 보니 선택하는 것이 더욱 어려워진다. 확률이 알려진 경우는 '위험risk'이라고 부르고, 확률을 모르는 경우는 '불확실성uncertainty'이라고 부른다. 불확실성은 알지 못하는 확률에 대해 생각하고 추정해보는 단계를 거쳐야 한다. 냉정하게 정보를 분석해 추정하면 어느 정도 확률을 예측할 수 있지만 이 단계에서 여러 가지 감정과 충동, 심리적 편향이 개입되기 쉽기 때문에 좋은 선택을 하는 것이 어렵다.

일반적으로 우리의 뇌는 위험한 것과 불확실한 것을 기피하게 설계되었지만, 경마나 도박 등에 쉽게 빠져들기도 한다. 왜 그럴까. 그 자체가 주는 쾌감이 아주 높기 때문이다. 도박과 같은 사행성 게임은 판돈의 크기 등을 스스로 결정해 베팅할 수 있는데 이러한 과정이 도파민의 보상 활동을 증가시킨다. 그리고 게임 자체가 간단하게 판가름 나는 것이 아니라, 승부가 날 때까지 긴장감을 유발하기 때문에 쾌감은 더욱 커진다. 50퍼센트 확률로 100억 원을 선택하는 사람의 심리도 이런 부분과 결부 지어 설명할 수 있다. 확률적인 선택이 주는 흥미와 긴장감이 상당히 크기 때문에 위험을 기피하는 성향이 상쇄되거나, 혹은 위험을 추구하는 선택을 하는 것이다.

그리고 사람들은 자신의 선택에 과잉 확신을 갖는 경우가 많다. 자신의 능력과 자신이 보유한 정보에 과도한 확신을 가지거나 좋은 결과가 나타날 확률을 너무 높게 평가하는 것이다. 주식 시장 전체의 수익률이 높아서 이익을 얻더라도 자신의 투자 능력이 좋아서 얻은 이익이라 오인하기 쉬우며, 그 결과 과잉 확신은 더욱 심해진다.

2020년 하반기부터 2021년까지 많은 주식과 가상 자산이 크게 오르자 '테슬라 주식은 떨어지지 않는다' '아파트 가격은 떨어지지 않는다' '돈이 복사가 된다'는 말이 유행했다. 하지만 2022년에 들어 고금리가 시작되면서 자산 가격이 하락했고 많은 사람이 손해를 보았다. 자산 가격의 변동을 냉정하게 예측하는 것은 이처럼 어렵다.

또 한 가지 자주 겪는 오류는 생존 편향 때문에 발생하는데, 성공한 사람들은 쉽게 관찰되지만 실패한 사람들은 상대적으로 찾기 어렵기 때문이다. 주식투자 등에 성공한 사람들은 주변에 자랑도 많이 하고 강연 같은 대외 활동도 활발히 한다. 그에 비해 실패담은 널리 알려지지 않기 때문에 정밀한 분석이 아닌 자신의 경험으로 짐작한 성공 확률은 실제 성공 확률보다 높아지게 마련이다.

오류를 극복하기 위한 노력

이러한 뇌의 움직임이나 인지 편향 때문에 현실에서는 일어날 사건의 가능성과 확률에 대해 엄밀하게 예측하고 선택하는 것이 상당히 어렵다. 이것을 극복하려면 먼저 자신의 인지 편향을 인지하고 보완하기 위해 노력해야 한다. 개인의 경험이나 인식에 따라 형성된 성공 확률은 오류투성이일 가능성이 높다는 것을 인지하고, 통계분석에 근거한 자료들을 찾아보면서 직접 확인해보거나, 최소한 내가 가진 정보에 대해 확신하지 않고 주의하는 것이 좋다.

자신의 충동적 성향이나 감정적 성향을 미리 알고 통제할 수도 있다. 경마 게임에서 얻는 쾌락이 지나치게 크다면 경마장에 가지 않는 것이 최선이고, 주식에 투자했을 때 가격변동에 신경이 너무 쓰여서 일상생활에 지장이 있다면 투자를 하지 않거나, 투자하더라도 관련 앱을 삭제해 자주 찾아보지 않으려고 애쓰거나, 펀드 투자를 하는 것이 더 나을 수 있다. 현실의 불확실성은 개인의 선택을 더욱 어렵게 만들고, 합리적으로 결정하려고 하는 사람들도 비합리적인 인지 편향과 감정에 쉽게 빠질 수 있다. 하지만 이러한 오류를 알고 이를 극복하기 위해 의도적으로 노력한다면 어느 정도는 나은 선택을 할 수 있다.

달걀을 몇 개의 바구니에
나누어 담아야 할까

'모든 달걀을 한 바구니에 담지 말아라'는 유명한 말이 있다. 모든 달걀을 한 바구니에 담았을 때 바구니를 떨어뜨리기라도 하면 달걀이 모두 깨지게 되지만, 여러 바구니에 나누어 담으면 한 바구니에 문제가 생기더라도 그 바구니에 있는 달걀에만 피해가 가기 때문에 피해를 줄일 수 있다는 원리다. 이것을 '분산투자 원리'라고 부른다. 이 원리는 투자에서 중요하게 다루지만 경제학원론 교과서에도 포함되어 있는 중요한 내용이다. 하지만 현실적으로 이 원리는 몇 가지 한계를 지니고 있어서 분산투자가 아닌 집중투자를 적극적으로 모색하거나 다른 대안이 마땅치 않아 집중투자를 하게 되기도 한다.

여러 금융상품에 투자한다고 할 때, 투자자가 기대하는 것은 2가지이다. 하나는 높은 수익률을 얻는 것이고, 다른 하나는 실패 가능성을 줄이는 것이다. 누구나 대박을 좋아하지만 투자에 실패할 수도 있기 때문에 실패 가능성, 손실을 낼 가능성도 염두에 두어야 한다. 이것을 수학적으로 말하면 평균적인 수익률은 올리고 전체적인 수익률의 변동성은 낮추고 싶어 하는 것이고, 이 변동성은 평소에 가격이 올라갔다 내려갔다 하는 것이 얼마나 심한지로 추정할 수 있으며, (통계적으로는 표준편차) 이러한 위험을 줄일 수 있는 방법이 바로 분산투자이다.

예컨대 여유자금 1억 원을 삼성전자에 투자한다고 했을 때, 삼성전자가 잘나가면 이익을 보고 삼성전자에 문제가 생기면 손해를 보게 된다. 만약 삼성전자에 5천만 원, SK하이닉스에 5천만 원을 투자한다고 했을 때, 삼성에 문제가 생기더라도 SK하이닉스에 영향을 끼치지는 않는다. 오히려 경쟁기업인 SK하이닉스에는 호재가 될 수도 있으니 위험은 감소할 것이다.

하지만 전 세계적으로 반도체 업계에 문제가 생기면 두 기업 모두 타격을 입게 된다. 이러한 위험을 낮추려면 더 분산해 투자하면 된다. 반도체 업계가 아닌 다른 산업에 투자하면 되는 것이다. 이런 식으로 투자한 기업 숫자를 더 늘리면 좀더 안전한 투자가 가능하다.

그렇지만 만약 나라에 문제가 생기면 우리나라 기업 모두 피해를 입게 된다. 이러한 위험까지 줄이고 싶다면 외국 기업에 투자하면 된다. 미국·일본·베트남 기업 등에 투자해 위험을 분산시키는 것이다. 즉 분산투자를 많이 할수록 많은 위험을 제거할 수 있다. 주식 외에 채권과 부동산, 원자재 등 다른 자산을 섞는 것도 가능하다. 비록 전 세계적으로 경제가 안 좋아지면 그런 사태가 미치는 위험까지 제거하기 쉽지 않겠지만, 분산투자를 통해 상당히 많은 위험을 제거할 수 있다.

그래서 기업이나 금융기관은 위험을 분산시키기 위해 주식과 채권 외에도 다양한 자산에 분산투자를 한다. 실제로 2023년 3월에 발생한 미국의 은행 SVB 파산은 여러 가지 원인이 복합적으로 작용했지만, 제일 큰 원인은 예금의 상당 부분을 미국 장기국채에 투자했기 때문이었다. 미국 국채는 그 자체로서 안전하기는 하지만 고금리로 들어설 경우 손실을 보게 된다. 즉 SVB가 분산투자의 원칙을 제대로 지키지 않아 피해가 컸다.

분산투자의 한계

그러나 분산투자에도 한계가 있다. 분산투자한 곳 중 삼성전자의 비중이 100퍼센트라면 삼성전자에 호재가 발생할 경우 투자수익이 크게 오르겠지만, 삼성전자의 비중이 10퍼센트라면 수익은 10퍼센트밖에 발생하지 않는다. 즉 분산투자를 통해 손해 가능성이 줄어든 대신에 대박 가능성도 감소한 것이다.

사람들이 금융자산에 투자하는 까닭은 저마다 다르다. 좀더 안정적으로 자금을 관리하고 싶어 하는 사람들도 있을 것이고 적극적으로 높은 수익률을 얻고자 하는 사람들도 있을 것이다. 그러나 후자라면 가상화폐나 밈 주식으로 불리는 급등 주식을 구매해 엄청난 수익을 올리는 일도 기대할 텐데, 이는 분산투자 로는 거의 불가능하다.

유명한 투자자들인 워런 버핏Warren Buffett과 고故 찰리 멍거 Charlie Munger는 분산투자에 비판적이다. 찰리 멍거는 "투자의 목 적은 분산투자를 하지 않아도 안전한 투자 기회를 찾아내는 것" 이라고 말하기도 했고, 워런 버핏의 버크셔 해서웨이Berkshire Hathaway도 많은 기업에 투자하고 있지만 애플Apple Inc.의 비중이 매우 높으며, 상위 4~5개 기업이 전체 투자에서 차지하는 비중 도 상당히 높다. 분산투자보다는 특정 기업에 집중투자를 하고 있는 것이다.

그래서 이들의 투자 방식을 따라 하거나 적극적인 투자를 하 는 사람들도 있지만, 반론도 만만치 않다. 옛말에 '뱁새가 황새를 따라가면 가랑이가 찢어진다'라는 말이 있다. 금융시장에는 경 제 · 경영 · 기업 분석 · 수학에 능통한 세계 최고의 전문가들이 더 높은 수익률을 올리기 위해 경쟁하고 있다. 그러니 몇 달 공부한

초보자가 그들보다 높은 수익률을 올리는 것은 대단히 어렵다. 물론 운이 좋다면 가능할 수도 있지만 실패할 가능성이 상당하다. 2020년 이후 주식과 여러 자산의 가격 변동성이 커졌고 그로 인해 엄청난 이익을 본 사람들도 많았지만 반대로 억대의 손실을 본 사람도 많았다. 또한 금융자산 투자는 위험 부담이 크므로 과잉 확신이나 생존 편향 오류에 빠지기도 쉽다. 고수익을 올린 사람은 그만큼 높은 손실을 낼 가능성을 감수한 것이고, 이러한 결과는 잘 투자한 것일 때도 있지만 단순히 운이 좋아 얻어걸린 것일 수도 있다.

그래서 투자전략도 좋은 기업을 찾아내는 전략과, 남들만큼 하는 것을 목표로 하는 전략으로 구분할 수 있다. 여기서 전자는 기업 분석을 넘어 해당 기업의 현재 주식 가치를 고려해 저평가된 기업을 찾아내는 일까지 포함한다. 남들만큼 하는 것을 목표로 한다면 시장과 동일한 전체 주가지수와 비슷한 수준의 수익률을 목표로 하게 되며, 이른바 '패시브 전략'이라 불리는 투자를 하게 된다.

직접 여러 기업의 주식을 골라서 투자할 수도 있지만, 다양한 펀드 형태의 금융상품 투자도 가능하며 ETF Exchange Traded Fund도 많이 나와 있다. 이 중에서 특정 주가지수를 추종하는 ETF 또는 인덱스 펀드라고 불리는 것들은 남들만큼 하는 것을 목표로 하는 전략을 대표하는 투자 방식에 해당한다. 다만 주가지수 역시 국가적 환경·거시경제 환경에 따라 등락을 반복하므로 이러한 단점을 보완할 수 있는 방법을 찾아야 한다.

그래서 사람들은 앞서 말한 여러 가지 투자전략을 적절히 섞어서 사용한다. 안정적으로 투자하고 싶다면 인덱스 펀드를 지향하면서 거시경제 흐름을 반영해 조정하면 되고, 대박을 노린다면 개별 주식이나 개별 종목에도 집중하면 된다. 개별 주식을 보는 것은 투자의 재미(도박의 재미)도 있다. 그러니 자신의 성향이나 자신이 처한 경제적 상황에 맞는 투자전략을 고르면 된다. 다만 투자에 대한 실패는 오롯이 본인이 책임져야 하는 부분이므로 빚을 내서 투자할 때는 좀더 주의를 기울여야 한다.

하지만 분산투자를 선호하는 사람들도 집중투자, 그것도 빚을 내면서까지 집중투자를 할 때가 있는데 바로 집을 구입할 때다. 부동산과 주택은 재산의 상당 부분을 차지할 때가 많기 때문에 분산투자가 안 되는 것이다. 또 빚을 내서 구입하는 레버리지 투자인 경우가 많다. 집중투자에 레버리지가 걸려 있으니 실패하면 손실이 굉장히 커진다. 그런데도 많은 사람이 정도의 차이가 있을 뿐 빚을 내서 부동산에 투자를 한다. 투자 방식에 대해서는 여러 가지 의견이 있지만, 이처럼 분산투자를 주장하는 사람도 이를 철저하게 따르는 것은 쉽지 않다.

왜 전세가
주식투자만큼 위험할까

사람들마다 추구하는 투자 원칙이나 투자 방식이 조금씩 다르지만, 대부분이 원하는 것은 크게 2가지이다. 하나는 수익률을 높이는 것이고, 또 하나는 위험을 줄이는 것이다. 즉 안정적으로 수익률이 높은 것을 제일 선호한다. GDP도 변동이 심하지 않으면서 많이 성장하는 것이 가장 좋고, 투자수익률 역시 변동이 적으면서 가치가 많이 오르는 것을 제일 학수고대한다.

그런데 이 위험이라는 것은 조금 복잡하다. 주식이나 환율은 그 가치가 시시각각 변하므로 변동성을 관찰해 위험을 가늠할 수 있다. 하지만 가격이 변하는 것이 아니라 일정하게 유지되다가 어느 순간 갑자기 0이 되는 경우도 있다. 즉 평소에는 안정적이었던 투자가치가 비록 확률은 낮지만 갑자기 0이 될 가능성이 있는 경우들이 존재한다.

자산가치가 휴지조각이 되어버린다면

대표적으로 전세보증금이 그러한 경우에 해당한다. 가격이 주어져 있고, 나중에 계약이 끝나면 돌려받을 수 있으며, 계약 기간 동안에는 가치가 변하지 않는다. 하지만 과연 이것이 안전할까? 집주인이 전세금을 못 돌려주는 경우가 종종 발생하는데, 그러면 가치는 순식간에 0이 되어버린다. 전문가가 아니면 이런 종류의 위험을 눈치채기 어렵기 때문에 이러한 거래는 주식보다 더 위험한 측면이 있다.

앞서 이야기했듯이 몇몇 유명한 기업의 주식이나 외환시장의 환율은 그 가치가 수시로 바뀐다. 하지만 그렇다고 하더라도 주식의 가치가 구입 때보다 절반 혹은 3분의 1 밑으로 떨어지는 일은 그렇게 많지 않으며, 시간이 오래 걸리더라도 기다리면 다시 회복되기도 한다. 물론 주식의 가치가 급격히 낮아지거나, 기업이 망해서 상장폐지되는 일도 종종 발생한다. 그러나 주식투자를 할 때는 위험부담을 감안하며 주식가격의 변동이 실시간으로 공개되기 때문에 어느 정도 위험이 외부에 알려져 있다.

돈을 누군가에게 맡길 때도 그 돈을 돌려받지 못할 위험이 엄연히 존재한다. 이것은 개인 간의 계약 외에 기업이나 금융기관 등과의 거래를 포함해 돈이 오가는 모든 종류의 계약에 존재하는 위험이다. 이것을 '신용위험'이라고 부른다. 계약서대로 계약이 이행되면 문제가 되지 않지만, 채무자가 사업 실패 등으로 돈을 갚을 수 없게 되거나 고의로 돈을 갚지 않으면 문제가 된다. 넓은 의미의 신용위험은 기업이 돈을 갚지 못해서 발생하는 주식이나 채권의 가치 변동도 포함하지만 여기서는 좁은 의미의 신용위험만을 살펴보자.

피할 수 없는 전세 신용위험

금융기관은 이러한 형태의 위험에 비교적 익숙하다. 돈을 돌려받지 못할 가능성이 있다는 것을 인지하고 있기 때문에 신용평가를 하고 신용등급에 따라 이자율을 다르게 책정해 그러한 가능성에 대비한다. 예를 들어 어떤 사람의 신용등급이 낮아서 돈을 돌려받지 못할 가능성이 8퍼센트라면, 은행은 이자율을 8퍼센트 넘게 책정해야 돈을 돌려받지 못할 상황에 대비할 수 있다. 담보가 있을 때 이자율이 낮은 까닭은 돈을 못 돌려받더라도 담보물을 처분하면 그 피해를 줄일 수 있기 때문이다. 그러므로 낮은 신용등급으로 인해 대출 이자율이 높아지는 것은 자연스러운 현상이며 이것은 차별이 아니다. 기업이나 국가도 신용등급이 있으며 기본적인 원리는 개인의 신용등급과 비슷하다.

문제는 금융기관이 아닌 개인이다. 개인은 금전 계약을 할 때, 평소에는 가치 변화가 없지만 계약의 불이행 같은 특정 상황에서 가치가 0이 되는 위험의 크기를 정확하게 평가하고 인지하기 어렵다. 게다가 신용위험은 계약이 종료될 즈음에 그 위험이 드러날 때가 많다.

전세 계약은 앞에서 설명한 여러 가지 위험을 모두 안고 있다. 세입자는 집을 이용하는 대가로 집주인에게 거액을 빌려준다. 그 거액의 가치가 일반적인 경우에는 변하지 않기 때문에 세입자는 주식투자에 비해 상대적으로 안전하다고 느낀다. 하지만 이 계약은 집주인의 신용에 의존하고 있으므로 집주인에게 문제가 생기면 돈을 돌려받지 못한다는 위험이 엄연히 깔려 있다.

금융기관은 신용위험에 익숙하고 신용위험을 능숙하게 평가할 수 있지만 세입자는 그렇지 못하다. 또한 개인이 금융기관에 돈을 맡기는 경우, 금융기관의 안정성이 집주인의 안정성보다 높고 더 나아가 정부의 '예금자보호법'이 작동한다. 그러나 집주인의 안정성은 낮으며 정부가 전세 계약을 보호하는 수준도 예금자보호법보다 낮다.

전세 세입자는 높은 수익률을 욕심낸 것이 아닌데 왜 위험을 떠안아야 하느냐고 생각할 수 있으나, 월세를 내지 않고 집을 이용하는 것이므로 상당한 혜택을 보고 있는 것이다. 집값이 오르내리더라도 이득과 손해가 없으므로 주식투자와 같은 투자보다는 전세금이 안전하다고 할 수도 있다. 하지만 전세금을 돌려받지 못할 위험은 예측하기에도 대비하기에도 어렵다.

단순하게 생각해도 전세금보다 집값이 낮아지면 전세금을 바로 돌려받기 상당히 어려워진다. 그리고 다음 세입자를 구할 때까지 집주인이 전세금을 돌려주지 않는 것도 의무 불이행이지만 실제로 이런 일이 비일비재하다. 전세 제도는 조금 더 들여다보면 위험이 높고 관행이라며 방치되고 있는 불안 요소가 많지만 집값 상승기에는 제도개선을 하지 않다가 집값 하락기에 피해자들이 다수 발생하는 것이다.

전세 제도에서 월세 제도로

전세 제도는 개인과 개인 간에 거금이 움직이는 계약이지만, 그 특성상 계약에 내재되어 있는 위험을 확인하기가 상당히 어렵다. 위험을 충분히 인지한 상태에서 한 결정이라면 본인이 책임지는 것이 맞지만, 그렇다고 하더라도 전세 제도는 개인 간 거래라고 하기에는 금액이 무척 크다. 그리고 앞서 말했듯이 세입자는 집주인에 대한 정확한 정보를 확인하기 어려우며, 은행을 비롯한 금융기관 수준의 전문성을 확보하기도 어렵다. 그래서 상대적으로 보증금이 낮은 월세 제도를 더 활용해야 하고, 정부에서도 전세가 아니라 월세를 지원해주는 정책으로 서서히 변경할 필요가 있다. 다만 전세도 장점이 있고 개인에 따라 제도적인 이득도 받을 수 있기 때문에 잘 판단해서 결정해야 한다.

개인은 다양한 위험에 대해서 인지하고 공부하는 것이 필요하다. 주식도 집값도 상승기에는 떨어질 수 있다는 것을 잊기 쉬우므로 이 점을 늘 염두에 두어야 하며, 안정적으로 보이는 계약도 신용위험이 있다는 것을 알고 대비해야 한다. 위험을 무조건 회피하려다가 또 다른 위험을 눈치채지 못할 수 있다. 계약의 안정성을 어느 정도 보장하는 법적 장치들도 많다. 그러니 경제학적인 원리와 법적 보호를 받을 수 있는 규정들에 대해서는 평소에 미리미리 확인해놓는 것이 좋다. 정부는 범죄 피해를 줄이기 위해 전세 사기나 주가조작에 대한 강력한 처벌과 함께 제도적 예방책을 마련해야 한다.

높은 수익률과 낮은 위험이 제일 좋다. 하지만 그 목표를 실제로 달성하기에는 매우 어렵다. 금융상품을 살펴보면 고수익 고위험, 중수익 중위험, 저수익 저위험 중에서 골라야 할 때가 많다. 고수익 저위험처럼 보이는 것은 사실은 위험이 숨어 있는 경우들이 많기 때문에 좀더 세심하게 살펴보아야 한다.

'소문에 사서 뉴스에 팔아라'가
어려운 이유

주식시장의 움직임은 때로는 엄청나게 심하다. 사람 마음은 흔들리는 갈대처럼 알 수 없다고 하는데 주식시장은 그보다 더한 것 같다. 그런데 사실 주식가격은 사람들의 선택에 따라 움직인다. 가격이 올라가거나 내려가는 것은 사람들이 비싼 가격에 구입하고 싼 가격에 팔기 때문이다. 그래서 때로는 가격의 움직임이 비합리적인 것처럼 보이기도 하고, 사람들의 기대가 전문가들이 예상하지 못했던 방향으로 형성되기도 한다. 더 나아가 사람들이 기대를 형성하는 방식은 개별 주식을 넘어 금융시장 전체와 거시경제 전반에 영향을 주기도 한다.

자기실현적 믿음: 믿음이 예언으로

주식시장에서 특정 기업의 주식가격을 결정하는 것은 주식을 사려는 사람들과 주식을 팔려는 사람들이다. 주식가격이 높더라도 사려는 사람들이 많아지면 주식가격은 더 오른다. 이 과정을 자세히 살펴보자.

좋은 기업이라면 주식을 구입하려는 사람들이 많아져 주식가격이 자연스럽게 오르겠지만, 좋은 기업이 아니라면 어떨까. 그럼에도 해당 기업의 주식을 높은 가격에 구입하려는 사람들이 늘어날 수 있고, 그렇게 되면 주식가격은 상승한다. 즉 주식가격을 올리는 것은 사람들의 믿음이다. 이때 믿음은 어떠한 실적 발표 같은 공식적인 뉴스에 의해 형성되기도 하지만, 때로는 근거가 없이 형성될 때도 있다. 한 기업이 우량주가 될 것이라는 소문이 퍼지면, 사실 여부와 상관없이 주식가격은 오른다는 것이다.

영국의 경제학자 존 메이너드 케인스John Maynard Keynes는 이러한 주식시장을 미인 대회와 비교하기도 했는데, 이는 자기 자신의 생각보다 다른 사람들이 미인이라고 판단하는 것이 중요하다는 것을 의미한다. 이 때문에 주식시장의 믿음은 그 믿음이 충분히 퍼지기만 한다면 '자기실현적 믿음'이 된다. 주식이 오른다고 믿는 사람들이 어느 정도 생기면 그 믿음은 근거가 없어도 실제로 이루어지므로 믿음이 예언이 된다. 근거가 있는 믿음이 다른 사람들을 설득하기 쉽고 또 잘 퍼지겠지만, 때로는 근거가 없는 믿음이 사람들에게 퍼지기도 하기 때문이다.

한발 더 나아가 기업의 주식이 오르기 시작하면 그 기업을 신뢰하지 않았던 사람도 주식을 구입할 수 있다. 주식가격이 오르는 것을 보고 지금 빨리 사서 어느 정도 가격이 더 오르면 팔기 위한, 즉 단기 차익을 목적으로 구입에 가담하는 것이다. 2020년 이후 우리나라뿐 아니라 미국 시장에서도 어떤 기업의 주식이 테마주가 되면 주식가격이 엄청나게 상승하는 일들이 종종 발생하고 있는데, 해당 기업에 대한 나의 믿음과 상관없이 사람들이 열심히 사면 나도 따라 사는 것이 이익이라는 판단 때문에 주식의 등락폭이 더 심해져서 발생하는 현상이다.

이러한 원리는 주식을 비롯해 부동산, 가상화폐 등 모든 자산시장에도 적용된다. 그래서 사람들의 동기도 다른 쪽으로 움직이는데, 옛날에는 상품을 파는 사람이 상품이 좋다고 포장하면 '그렇게 좋은 상품이면 더 비싸게 팔지 왜 그걸 굳이 팔려고 하느냐'고 의심하는 경우가 많았다. 하지만 금융자산을 가진 사람은 자신이 가지고 있는 것이 좋다는 이야기를 더 많이 한다. 그래야 사람들이 많이 구입할 것이고, 그렇게 되면 자신의 자산 가격이 더 오르기 때문이다. 이 때문에 자산시장의 많은 목소리는 소망과 전망이 뒤섞여 있다. 어떤 주식이나 아파트가 유망하다고 말하는 사람을 보면 실제로는 그것들을 보유하고 있어서 가격이 올라야 이득을 보는 이해 당사자인 경우가 꽤 많다. 본인의 소망이 담긴 만큼 말 자체는 진심일 가능성이 크지만, 냉정한 분석의 결과라고는 말할 수 없다.

반대로 아파트 가격이 떨어질 것이라고 주장하는 사람들 중에는 '아파트 가격이 떨어져야 나라가 잘 돌아간다'는 믿음이 강한 사람들도 많다. 게다가 어떤 주식이나 가상화폐에 문제가 많다고 발언을 하는 전문가나 관련 기업이 해당 자산을 보유한 사람들로부터 인신공격이나 위협을 당하는 사건도 발생하고 있다. 공개적으로 특정 자산에 대해 매도 의견을 내기가 상당히 어려워진 것이다.

그 결과 자산시장에서 전문가의 목소리와 그렇지 않은 목소리가 뒤섞이게 되고, 무엇이 맞는 정보인지 판단하기 쉽지 않게 되어버린다. 그리고 이것을 이용해 허위 정보를 퍼뜨리거나 일정한 초기 자금으로 주식을 구입해 주식가격을 올린 뒤 어느 정도 가격이 오르면 보유한 주식을 팔아치워서 이익을 얻는 주가조작 사기도 자주 발생하고 있다.

'소문에 사서 뉴스에 팔아라'라는 말은 논리적으로는 맞다. 공식적인 뉴스가 되는 순간 주식가격은 바로 오르기 때문에 그전에 구입해야 이득을 얻을 수 있다. 그런데 잘못된 소문을 믿고 거액을 투자하면 큰 손해를 볼 수도 있다. 그러므로 많은 돈을 투자할 때는 재무제표를 이해하고 회계정보를 분석하는 방법을 어느 정도 익혀서 그 소문의 타당성을 직접 확인해보아야 한다.

주식시장과 거시경제, 그리고 사람들의 심리

경제가 좋아지면 주식시장도 오른다. 그런데 경제가 눈에 띄게 좋아지면 이미 주식시장은 다 오른 뒤이기 때문에 추가적으로 주가가 오르지는 않는다. 그러므로 경제지표가 발표되기 전에 사람들이 경제지표를 어떻게 예상하는지가 주식시장 동향에 큰 영향을 미친다. 발표된 경제지표가 시장의 예상(시장의 기대)과 일치하면 큰 변화가 일어나지 않지만, 시장의 예상과 어긋나면 주식시장에 큰 충격이 일어난다. 그래서 보통 주식시장은 거시경제보다 더 먼저 움직이며 변동성이 더욱 심하게 나타난다.

이러한 결과를 가져오는 대표적인 움직임이 중앙은행의 기준금리 조정이다. 금리가 오르면 기업 환경이 나빠지고 사람들이 돈을 빌리기도 어려워지므로 주식시장에는 악재다. 대략 한 달에 1번꼴로 금리를 조정하게 되면 시장에 상당한 영향을 주기 때문에 사람들은 중앙은행의 분위기를 예상하기 위해 노력한다. 그런데 중앙은행도 시장에 큰 충격을 주지 않기 위해 정책 집행 전에 시장에 적절하게 신호를 보내기 위해 노력한다. 전반적인 계획을 미리 설명해주면서 시장에 큰 충격이 가지 않도록, 그리고 사람들이 중앙은행의 움직임을 어느 정도 예상할 수 있게 해주는 것이다.

때에 따라서는 사람들의 기대 방향에 따라 시장에 영향이 다르게 나타나기도 한다. 일반적으로 실업률이 낮으면 경제활동이 활발해진다는 뜻이므로 주식시장에 좋은 영향을 준다. 하지만 2022년 고금리 시기에는 실업률이 낮게 나오면 물가상승 압력이 있다는 뜻으로 해석되어 중앙은행이 고금리를 지속할 가능성이 높다는 문제가 더 부각되면서 낮은 실업률 발표가 주식시장에 악재가 되기도 했다. 거시경제 환경에서 여러 경제지표는 서로 다른 경로를 통해 다르게 영향을 줄 수 있다. 같은 소식이라도 경제 전반적인 환경에 따라 다른 경로로 움직이고 기대가 다르게 형성되면서 주식시장과 금융시장에 반대 방향의 영향을 줄수 있는 것이다.

가계, 기업, 중앙은행의 심리 게임

가계의 소비와 기업의 투자 결정 역시 심리의 영향을 받는다. 각 가계의 재정적 상황에 따라 소비가 달라지므로 소비심리는 실업률과 주식·아파트 가격의 영향을 받고 이 때문에 결과적으로 전반적인 경제지표의 흐름에서 크게 벗어나기 어렵다. 하지만 소비심리가 언론의 보도 동향에 영향을 받는 부분도 있다.

한편 기업의 대규모 설비 확충이나 공장 건설과 같은 투자 결정은 경영자의 결단이 중요하기에 경제 분위기가 안 좋거나 혹은 어떤 이유로 경제 전반에 불확실성이 커지면 결정이 지연되거나 취소되기도 한다. 투자심리가 위축되었을 때, 단순히 세금을 깎아준다고 해서 투자심리가 바로 회복되기 어려운 것도 이러한 이유 때문이다.

인플레이션이 나타나기 시작하는 경우, 노동자는 임금이 고정된 상태에서 인플레이션이 심할 것으로 예상되면 인플레이션에 맞춰 더 높은 임금을 요구할 수 있다. 그 결과 임금인상이 비용인상이 되어 인플레이션을 더 지속시킬 수 있다. 물론 임금인상 외에도 인플레이션이 발생하고 지속되는 원인은 다양하지만 임금인상 경로를 막기 위한 고민도 필요하다.

그래서 인플레이션이 발생했을 때 중앙은행이 초반부터 고금리로 강하게 대응해야 한다는 주장이 설득력을 얻는다. 중앙은행이 인플레이션을 낮추기 위한 노력을 충분히 하지 않으면 사람들이 인플레이션이 높은 상태를 받아들이기 시작하고 그러면 사람들의 기대가 실제로 높은 인플레이션을 고착화시킬 수 있기 때문이다. 2022년 미국이 기준금리를 말 그대로 무자비하게 크게 높인 것도 이런 이유 때문이며, 그 결과 2023년에는 인플레이션이 어느 정도 진정되었다.

보통 시장을 이기는 정부가 없다고 이야기하지만 항상 그런 것도 아니다. 정부가 정말 작정하고 몰아붙이면 시장이 움츠러들기도 한다. 2022년에 미국이 과감하게 시행한 고금리정책으로 모든 경제 상황이 다 돌변해버린 것처럼 말이다.

이처럼 금융시장과 거시경제는 사람들의 합리적인 기대와 비합리적 행동, 전망과 소망이 서로 혼재되어 있고, 이것들의 영향을 받기 때문에 이 분야에서 미래를 정확하게 예측한다는 것은 불가능에 가깝다. 하지만 심리와 기대가 시장에 주는 영향을 알고 있다면 거시경제의 흐름을 좀더 잘 이해할 수 있고, 큰 손실을 입을 가능성도 줄일 수 있다.

은행은 경제의 심장일까,
아니면 시한폭탄일까

2023년 3월 10일, 미국의 실리콘밸리은행SVB가 파산했다. 이는 미국 은행 역사상 두 번째 규모의 은행 파산으로, 이틀 뒤에 시그니처은행이 파산하는 등 전 세계 금융시장이 크게 불안해졌다. 금융시장 불안 또는 은행 운영 잘못으로 발생하는 은행의 파산(뱅크런)은 흔한 일이 아니다. 미국에서도 이 정도 규모의 뱅크런은 2008년 금융위기 이후 처음이었다.

은행을 비롯한 각종 금융기관은 시장경제에서 아주 중요하고 특수한 역할을 하지만, 은행은 그 특성상 본질적으로 불안하고 위태로운 존재일 수밖에 없다. 조금이라도 잘못 운영하면 경기변동이나 외부 충격에 상당히 취약할 수 있는 것이 은행이고, 시장원리에 따라 은행이 파산하면 경제에 미치는 파급효과가 상당하기 때문에 정부의 규제와 개입이 반드시 필요하다.

은행을 통한 자금의 수요와 공급의 연결

일반 소비자가 은행에 기대하는 제일 기본적인 역할이자 동시에 전통적인 은행 하면 떠올리는 것은 '돈을 맡기는 곳'이다. 많은 돈을 보관할 데가 없기 때문에 은행에 넣어두고 필요할 때마다 찾아서 쓰는 것이다. 그러니 은행은 고객이 돈이 필요할 때 인출해주어야 하므로 평상시에도 돈을 보유하고 있어야 한다. 하지만 그렇다고 해서 은행에 돈을 맡긴 모든 고객이 한꺼번에 그 돈을 인출할 가능성은 거의 없기 때문에 은행이 그 돈을 모두 보유할 필요는 없다.

그래서 은행은 예금 중에서 일부만 지급준비금으로 남겨두고 나머지는 기업이나 사람들에게 빌려주거나 특정 금융상품에 투자해 이익을 추구하기도 한다. 이것을 '부분지급준비제도'라고 한다. 이 제도로 인해 은행은 단순히 금고로서만 존재하지 않고 자금의 수요와 공급을 연결해준다. 예컨대 사업에 300억 원을 투자받아 3년 뒤부터 그 돈을 갚으려는 사업가를 생각해보자. 은행이 없다면 이 사업가는 300억 원이 넘는 여윳돈을 가진 투자자를 직접 수소문해야 하며, 자신의 신용도를 직접 증명해야 한다. 하지만 사람들이 맡긴 예금을 보유한 은행은 신용을 전문적으로 판단해 대출 여부를 판정한다. 즉 시장경제에서 은행을 포함한 금융기관과 부분지급준비제도는 돈이 필요한 사람과 돈이 여유로운 사람을 연결해줌으로써 기업활동과 사람들의 생활을 편리하게 해주는 핵심적인 역할을 한다. 그러니 금융기관이 어떠한 부가가치도 창출하지 못한다는 주장은 시장경제를 이해하지 못한 것이다. 기술 발전을 통해 자금의 수요자와 공급자를 직접 연결하려는 시도가 나타나고 있지만, 은행의 역할을 제대로 대체하지는 못하고 있다. 은행은 그만큼 중요하다.

하지만 은행은 본질적으로 불안하다. 많은 돈을 모아서 그 돈을 다시 빌려주기 때문에 돈을 맡긴 사람들이 대규모로 돈을 인출하기 시작하면 즉시 위험에 노출된다. 은행이 돈을 빌려줄 때 대출 기업, 대출자가 돈을 갚을 능력이 있는지 꼼꼼하게 확인하는 것처럼, 사람들이 은행에 돈을 맡길 때도 은행이 돈을 잘 보관하고 있다가 언제든지 돈을 내놓을 수 있다는 믿음에 근거한다. 만약 그 믿음이 무너진다면 은행은 말 그대로 붕괴한다.

은행의 불안함과 정부 규제의 필요성

은행예금도 전세보증금보다는 안전하지만 신용위험이 존재한다. 평소에는 위험의 크기가 낮고 인지하기 어렵지만 경제가 조금만 흔들리고, 은행 경영이 조금만 부실해도 사람들 사이에 불안이 발생하고 확산되기 쉽다. 문제는 은행에 문제가 없어도 불안감이 조성되면 은행이 위험해질 수 있다는 점이다. 불안감이 퍼져 너도나도 돈을 인출하기 시작하면 은행은 갖고 있는 대출을 회수하거나 자산을 팔아서 대응해야만 할 수도 있고, 문제가 더 심각해지면 파산할 수도 있다. 은행의 파산은 제도에 대한 불신으로 이어져 다른 은행에도 악영향을 주고 국가경제 전체에도 타격을 준다.

이처럼 은행은 시장경제에서 중요한 역할을 하면서도 불안한 요소가 존재하기 때문에 정부는 은행이 일정 수준 이상의 지급준비금을 보유하도록 규제하거나, 은행이 위험한 자산에 과도하게 투자하지 않도록 규제를 가한다. 은행은 평상시에는 지급준비금을 줄이고 최대한 많이 대출해주고 투자하고 싶은 유인이 있으며, 경제가 잘 돌아갈 때는 위험자산에 투자해 고수익을 올리고 싶은 유인이 있다. 하지만 위험자산 비율이 높아지고 지급준비금이 줄어들면 위기에 취약해진다.

은행의 안전성을 높이는 또 다른 제도가 예금보호제도다. 이

제도는 예금자가 피해를 보는 것을 막기 위한 목적도 있지만, 예금자들이 대규모 인출을 하면 은행이 흔들릴 수 있으므로 금융 시스템을 안정시키려는 목적도 있다. 우리나라는 은행이 파산하게 되면 예금보험공사가 예금자의 돈 5천만 원까지 보호해준다. 또한 제2금융권의 지역단위 농협, 수협, 새마을금고, 신협 등도 예금보험공사가 아닌 별도의 기금을 통해 5천만 원까지 보호해준다. 하지만 이 한도 금액이 다른 선진국들에 비해 현저히 낮기 때문에 예금 보호 한도를 확대해야 한다는 목소리가 끊이지 않는다. 그리고 5천만 원 이상의 금액과 은행이 발행한 채권이나 주식 또한 보호받지 못하므로 은행 파산이 경제에 주는 충격이 완전히 사라지는 것은 아니다. 따라서 은행에 예금을 맡길 때 이러한 위험을 인지하고 은행을 선별해야 하는데, 예금보험이 있으면 이를 믿고 더 위험한 은행에 예금하게 된다는 비판도 있다.

고금리와 금융시장 불안

2020년 코로나19의 확산으로 시작된 전 세계 경제 충격이 '코로나 버블'로 불리는 자산 가격 상승과 급격한 인플레이션으로 이어졌고, 중앙은행이 인플레이션을 줄이기 위해 고금리정책에 나서면서 금융기관들이 극도로 불안해졌다. 미국의 SVB 파산도 이러한 경제 환경 악화의 영향을 받았다. 게다가 과거에는 뱅크런이 발생하면 사람들이 은행 앞에 줄을 서서 인출을 기다렸지만, 지금은 폰뱅킹과 인터넷뱅킹이 활성화되면서 순식간에 뱅크런이 발생한다.

뱅크런이 발생하자 바이든 정부는 비교적 신속하게 대응에 나섰다. 미국은 예금 보호 한도가 25만 달러인데, SVB 파산 건에 대해서는 예금 전액을 보호해준다고 발표했다. 다만 주식과 채권은 보호해주지 않을 것이며, 경영진은 해고될 것이고, 국민의 세금이 투입되지 않을 것이라고 강조했다. 앞서 설명한 것처럼 금융기관의 파산은 경제에 악영향을 주기에 막아야 하고, 특히 사람들의 공포와 불안이 다른 은행으로 이어지지 못하게 막아야 한다. 예외적으로 예금 전액을 보호해주겠다고 바이든 정부가 발표한 것은 이러한 부분을 고려한 것으로 보인다. 그러면서도 SVB에 돈을 지원하거나 부실 경영의 책임이 있는 경영진을 구제하지 않은 것은 사람들이 이러한 정치적 결정에 불만을 가질 수도 있고, 다른 금융기관 경영진의 도덕적 해이를 유발할 수도 있으므로 이를 미연에 방지하기 위한 결정인 듯하다.

우리나라 역시 금융시장 곳곳에 불안한 요소들이 산재해 있다. 향후 은행과 금융시장의 불안이 어떻게 전개될지 예상하기는 어렵다. 다만 확실한 것은 한국은행과 금융당국이 고금리 시기의 금융 불안을 제어하기 위해서 최선을 다해야 한다는 점이다.

6장

국제경제의 문제들

앞에서 개별 경제주체의 문제에 이어서 국가 단위의 경제문제를 설명했다. 그러나 전 세계에는 수많은 국가가 존재하기 때문에 여러 경제문제는 국가 간 관계에 강하게 영향을 받기도 한다. 국가들은 때로는 경쟁하고, 때로는 협력하고, 때로는 견제하는데, 이에 따라 한 나라의 경제가 크게 흔들리기도 한다. 6장에서는 국제관계에 따른 경제문제들을 집중적으로 다룬다. 우선 수출과 수입에 대해서 설명한 뒤 국가 간의 무역 및 통상정책이 어떻게 결정되는지 알아보며, 나라별 경제성장과 경제력 비교에 대해서도 살펴본다. 6장은 앞서 알아본 내용들에 기초하고 있는 동시에 국가들 간의 전략적 의사결정이라는 새로운 부분까지 포함하고 있기에 이 책의 총정리판이라 볼 수도 있다. 따라서 6장의 내용까지 모두 이해해야 경제학에서 제일 기본적으로 다루는 내용들을 모두 이해했다고 할 수 있다.

무역수지 적자가
반드시 안 좋은 걸까

2023년 1월, 무역수지가 127억 달러 적자를 돌파하면서 역대 최대 월간 무역적자를 기록했다. 같은 해 2월에는 적자가 53억 달러로 감소하고, 이후로도 적자폭이 꾸준히 감소하기는 했지만 5월까지 적자가 계속되면서 우리나라 경제에 대한 우려가 늘어났다. 그러자 정부는 무역수지가 장기간 적자였지만 경상수지는 상대적으로 양호하다는 것을 강조했다. 무엇이 맞는 말일까?

무역수지와 경상수지

기본적으로 무역수지와 경상수지 모두 수출보다 수입이 많으면 적자가 되고 수입보다 수출이 많으면 흑자가 된다. 하지만 이둘은 집계 방식과 집계 항목이 다르다. 무역수지와 경상수지의 차이는 크게 2가지인데, 이것을 이해하려면 먼저 상품수지라는 개념을 알아야 한다. 기본적으로 모든 국제 거래를 체계적으로 분류하고 정리한 통계가 국제수지 통계이다. 국제수지 통계 중에서 상품 거래 외에 관광 같은 서비스거래, 주식 배당금과 이자 등의 소득 거래 등을 모두 합산한 통계가 경상수지이고, 상품수지는 상품의 수출입에 대해서만 계산한 통계이다.

무역수지는 상품의 수출입을 대상으로 한다는 점에서 상품수지와 비슷하지만, 소유권 변동을 기준으로 하는 상품수지와 달리 관세선을 통과한 모든 재화를 수출입신고 수리 시점에서 집계한다. 집계 방식이 다르기 때문에 무역수지와 상품수지 간에 차이가 생기는 것이다. 선박 수출을 하게 되면 무역수지와 상품수지의 집계 시점이 달라지고, 가공무역을 반영하는 방식도 달라진다. 이 때문에 무역수지와 상품수지에도 상당한 차이가 발생한다.

그러므로 무역수지와 경상수지는 상품 수출입을 집계하는 방식의 차이, 그리고 상품 수출입 외에 다른 항목들을 추가로 포함하는 부분 때문에 서로 차이가 발생한다. 외환의 유입과 유출이라는 관점에서는 경상수지 전체의 움직임이 더 중요하다. 하지만 경상수지를 집계하는 데에는 40일 내외의 시간이 소요되는 반면, 무역수지는 매월 1일에 지난달 수출·수입 통계가 바로 집계된다는 장점이 있다.

2022년 국제수지 잠정 통계를 보면 경상수지는 298억 달러 흑자를 기록했다. 상품수지는 150억 달러 흑자이고, 서비스수지는 55억 달러 적자, 배당소득과 이자소득 등 투자 소득 부문은 237억 달러 흑자를 기록했다. 그 반면 통관 기준 무역수지는 472억 달러 적자를 기록했다. 이처럼 무역수지를 집계했을 때 경상수지 집계 때보다 수입이 더 많게 나타났다. 강의실에서 간단한 모델로 설명할 때는 집계 방식의 차이를 무시하고 수출과 수입의 차이로만 설명하지만, 실제 통계는 차이가 꽤 난다. 다만 전월 무역수지가 빠르게 집계되기 때문에 뉴스에서는 무역수지에 더 주목하는 경향이 있다.

무역수지는 스포츠 경기가 아니다

그렇다면 수출보다 수입이 많으면 나쁜 것일까? 수출이 많고 수입이 적으면 마치 외국과의 스포츠 경기에서 우리나라가 이긴 것 같은 느낌이 들기도 한다. 하지만 그렇지 않다. 수출이 수입보다 많다는 것은 생산에 비해 가계의 소비와 기업의 투자를 상대적으로 적게 한 것이다. 소비와 투자는 경제에서 매우 중요하다. 소비는 국민들이 행복을 누리는 원천이며, 투자는 기업의 생산성 증진을 위해 필수적이다.

다만 외환관리가 결부된 전체적인 경상수지를 볼 때, 경상수지 적자가 매우 높아지면 외환에 대한 수요가 크게 증가하면서 외환보유고가 감소하고 자국 화폐의 가치가 낮아지며 환율이 상승한다. 그로 인해 외환시장에 충격이 가해지거나 국가신용도가 하락할 수 있기 때문에 과도한 경상수지 적자는 좋지 않다. 다만 많은 선진국은 국민들의 소비수요가 보통 높기 때문에 높은 수입을 유지하는 경우가 많다. 대표적으로 미국·영국·프랑스는 수출보다 수입이 상당히 더 많은 나라이다. 즉 적자라고 해서 경제가 항상 위기라고 할 수는 없다는 것이다.

2022년 우리나라는 전년도에 비해 경상수지의 흑자폭이 상당히 줄어들었지만 흑자를 유지하고 있으며, 무역수지 적자폭이 경제위기를 불러올 수 있을 정도로 심각한 상황은 아니다. IMF 외환위기 때처럼 국민들이 힘을 모아서 국가경제를 회복시켜야 하는 상황은 아니다. 그러니 '경제가 어려우니 해외여행을 나가서 흥청망청 쓰면 안 된다'는 주장은 지금의 경제 환경과 맞지 않다. 국민들은 각자 감당 가능한 범위 내에서 소비활동을 하면 그만이다.

GDP가 제일 중요하지만 수출도 중요하다

그러면 무역수지에서 무엇이 중요할까? 제일 중요한 경제지표인 GDP에서 출발해보자. GDP는 국민소득, 국민과 기업의 소비 및 투자 수준과 직결된다. GDP가 높아지고, 이 과정에서 수출과 수입이 많아지고 국민들의 생활수준이 향상되는 것이 제일 바람직한 경제성장 방향이다.

그런데 수출이 줄어든다는 것은 국내에서 생산한 재화가 외국에 잘 팔리지 않고 있다는 것을 의미하며, GDP에도 충격이 전해진다. 수출을 주력으로 하는 국내 기업들의 실적이 부진하기 쉽고, 생산이 감소한 만큼 국민들에게 들어오는 소득도 감소하게 된다. 즉 국제수지 통계에서 수출과 수입의 격차는 수입이 수출보다 아주 큰 상황이 아니면 크게 중요하지 않다. 중요한 것은 수출의 규모다.

그래서 제일 중요한 경제지표인 GDP를 중점적으로 보면 된다고 생각할 수 있다. 하지만 GDP는 3개월마다 발표되며, 집계하는 데 3주 이상 소요된다. 경상수지 역시 매월 발표되지만 집계하는 데에 한 달 이상 소요된다. 반면 무역수지는 매월 첫날, 둘째 날에 빠르게 집계된다. 즉 무역수지 통계는 수출과 수입을 빠르게 집계해 현재의 경제 상황을 가장 빠르게 보여주는 통계라고 할 수 있다.

특히 우리나라 경제에서 수출이 차지하는 비중은 크다. GDP와 비교했을 때 수출이 전체 GDP의 40퍼센트에서 50퍼센트 정도까지 되는데, 이 비율은 다른 나라와 비교했을 때도 꽤 높은 수치이다. 그리고 우리나라 경제에 중요한 상품일수록 수출과 수입이 복잡하게 얽혀 있다. 반도체, 핸드폰, 자동차, 석유화학 제품을 만들기 위해서는 수많은 부품과 원료가 필요하며 수많은 공정을 거쳐야 한다. 게다가 원자재는 우리나라에서만 수급되는 것이 아니라 수많은 국가를 오간다. 이것을 전문용어로 '글로벌 밸류 체인' '글로벌 가치사슬'이라고 한다. 그러므로 GDP보다 빠르게 발표되는 수출만 보아도 우리나라 경제 분위기가 어떤지 비교적 쉽게 확인할 수 있다.

물론 다른 나라도 수출을 중요하게 여기지만, 우리나라만큼은 아니다. 미국이나 중국은 워낙 나라가 크기 때문에 수출이나 수입의 비중이 우리나라만큼 높지 않다. 모든 나라에서 제일 중요하게 생각하는 경제지표는 GDP이다. 하지만 좀더 빠르게 경제 분위기를 잡아주는 지표가 필요하다. 그래서 미국에서는 고용 지표인 실업률, 일자리를 얻고 싶은데 일자리를 얻지 못하는 사람의 비율, 그리고 고용률, 성인 인구에서 일자리를 갖고 있는 사람의 비율이 수출보다 더 중요하다.

특정한 경우에는 수출이 감소했는데도 수입이 더 크게 감소해 경상수지 흑자가 발생하기도 한다. 하지만 이러한 상황은 GDP도 감소하고 국민들의 생활수준도 낮아져 소비심리가 위축된 것이므로 경제가 좋지 않은 것이다. 이러한 경제 상황을 '불황형 흑자'라고 부른다. 실제로 경제가 불황인지는 GDP를 포함해 종합적인 분석이 필요하지만, 불황형 흑자는 적어도 경상수지 흑자와 적자 여부만으로 경제가 좋고 나쁘다는 것을 확인할 수는 없다는 것을 보여주는 좋은 예시가 된다.

수입이 일정한 경우 수출이 감소한다면 무역수지도 나빠지게 되므로 적자가 발생하면서 경제가 안 좋아진 것으로 볼 수도 있지만, 수입도 같이 움직이기 때문에 단순하게 해석해서는 안 된다. 과거에 우리나라가 IMF를 경험했기에 지속적인 적자에 민감한 부분이 있지만, 역시 중요한 부분은 적자인지 흑자인지보다는 수출 규모 그 자체에 있다.

수출규제,
전략인가 자폭인가

        1991년 냉전시대가 종식되면서 전 세계 국가들이 국제무역을 늘리고 활발하게 교류하며 경제발전을 추진했다. 그러나 근래에는 국가들이 자국의 이익을 강조하면서 국가 간에 여러 분쟁이 발생하고 있다. 2022년에 발발한 우크라이나전쟁 외에도 안보 분야 및 무역 분야에서 분쟁을 빚고 있다. 특히 수출규제를 통해 다른 나라에 압박을 주려는 움직임이 늘어나고 있다. 2019년, 일본은 우리나라를 상대로 첨단산업 소재 3종에 대한 수출규제 강화 조치를 실시한 바 있다. 미국은 2022년 8월 26일 엔비디아NVIDIA와 에이엠디AMD가 생산하는 고성능 그래픽카드에 대해 대對중국 수출허가제를 실시했고, 10월 7일에는 추가 조치를 발표해 규제 대상을 더욱 확대했다.

이러한 수출규제 정책이 어떤 효과와 의미를 갖는지는 대상이 되는 상품의 특성에 따라 그 영향과 함의가 달라지는 부분이 상당하다. 하지만 정책의 일반적인 원리는 경제학적으로 충분히 설명 가능하다.

무역을 무기화하는 수출규제

어떤 상품을 거래하면 판매한 사람은 이윤을 얻게 되고, 구입한 사람은 그 상품을 소비하거나 다른 상품을 만드는 것에 유용하게 쓸 수 있다. 자발적인 거래는 판매자와 구매자 모두에게 이익을 주는 것과 마찬가지로 자발적인 무역은 수출국과 수입국 모두에게 이익을 준다.

무역에 대한 입장은 크게 자유무역과 보호무역으로 나뉜다. 자유무역을 할 경우 국가 내에서 피해를 입는 사람이 발생하며 산업구조에 문제가 생길 수 있다. 하지만 국가 전체로 보면 이익이 상당하다는 것이 경제학자들의 중론이다. 자유무역과 보호무역 사이의 논쟁과 그 의미에 대해서는 이 글에서 생략하고, 일단 자유무역이 양국에 이익을 준다는 것을 전제하고 설명한다.

이 말을 뒤집으면, 수출을 못하면 양국 모두 손해를 본다는 뜻이 된다. 그러므로 어떤 나라가 수출규제를 한다는 것은 자국의 수출기업이 입는 손해를 감수하면서 수입 국가에 더 큰 손해를 입히는 것을 목적으로 한다. 따라서 수출규제 전략이 성공하려면 상대국이 입을 피해가 자국이 입을 피해보다 충분히 커야 한다. 수출규제 방법은 크게 국가안보를 강화하기 위해 전략적으로 자국의 피해를 감수하면서 상대국에 더 큰 피해를 주는 방법과, 상대국에 지속적인 피해를 주어 빠르게 굴복시켜 원하는 것을 얻은 뒤에는 수출규제를 중단해 수출기업의 피해를 최소화하는 방법이 있다.

그렇다면 상대국의 피해는 어떻게 예측할 수 있을까? 이를 예측할 수 있는 몇 가지 요소가 있다. 우선 수입국의 수요가 높아야 한다. 그 국가에서 꼭 필요한 재화인데 수입할 수 없게 되면 상당한 어려움에 빠지게 된다. 인기 있는 소비재의 수요도 높지만, 근래에는 대형 제조업이나 첨단산업 관련 제품이 그 대상이 되고 있다. 이 산업들은 생산공정이 매우 복잡하고 수많은 원료와 중간재가 필요하기 때문에 이것들을 조달하는 데 문제가 생기면 공정 전체가 영향을 받는다. 글로벌 밸류 체인을 통한 생산 방식의 장점이 단점으로 바뀌는 것이다. 커다란 지그소 퍼즐이나 대형 레고 작품을 만들려면 특정 위치에 특정 부품이 들어가야 하고, 그것들 중 여러 부품은 중요한 위치를 차지하며, 다른 것으로 대체하기에도 어렵다. 현대 첨단산업에서 일어나는 일들도 이와 비슷하다. 한 부품 때문에 산업 전체가 난관에 빠지는 일이 발생할 수 있다. 어떤 나라가 수출규제를 시행하면 수입국은 해당 품목을 또 다른 나라로부터 수입하거나 자체 생산해야 한다. 그러므로 재화의 수입의존도가 높을수록 수출규제 초반에는 큰 피해를 보게 되지만, 시간이 흘러 다른 나라와 수입 계약을 맺고 자체 생산기술을 개발하면 피해가 줄어들게 된다.

수출규제가 성공하려면

이러한 점들을 종합했을 때, 수출규제의 포인트는 일차적으로 단기와 장기의 차이가 크다는 것을 알 수 있다. 단기적으로 재화를 구하기 어려워지면, 미리 그 재화를 구비해두지 않은 이상 즉각적인 피해를 볼 수밖에 없다. 그러나 다른 나라에서 구할 수 있게 되거나 대체재를 개발하면 시간이 지날수록 그 피해는 점차 줄어들게 된다. 이를 경제학에서는 단기에서는 수요 및 공급 탄력성이 낮지만, 장기에서는 수요 및 공급 탄력성이 높다는 표현을 쓴다.

그러므로 해당 재화를 다른 나라에서 구입하거나 대체제를 자체 개발하는 데 걸리는 시간이 수출규제로 인한 피해를 좌우하는 동시에 수출규제를 시행한 나라에는 수출규제 정책의 효력을 좌우하는 제일 큰 요소가 된다. 그러니 그 시간을 단축시킨다면 피해는 크게 줄어든다. 이 말인즉슨 반대로 그 시간이 오래 지속 된다면 피해는 기하급수적으로 증가하게 된다는 것이다. 수출규제 재화를 다른 나라에서 구입할 수 있는지는 수출규제를 시행한 나라도 확인할 수 있다. 결국 수출규제 효과는 수출규제를 당하는 나라의 기술 수준이 좌우한다. 특히 다른 나라 기술력에 대한 정보는 불투명하며 불확실한 부분이 많기 때문에 더욱 중요한 변수가 된다.

다른 나라에서 재화를 구하는 것도 쉽지 않다고 해보자. 이때 수출규제를 당하는 나라의 기술 수준이 상당하다면 비교적 단시일 내에 그 재화를 직접 개발하거나 혹은 대체재를 자체 개발할 수 있으므로 수출규제에 따른 피해를 많이 줄일 수 있다. 반대의 경우라면 시간이 지날수록 그 피해가 커지기 때문에 상대국의 요구 조건을 들어주는 것이 더 나을 수도 있다.

수출규제를 당하는 나라의 기술 수준이 예상보다 높은 경우, 수출규제를 한 나라는 도끼로 제 발등을 찍는 꼴이 된다. 먼저 수출규제로 자국 수출기업이 손해를 입게 된다. 이어서 수출규제를 당한 나라가 이 기회에 기술개발에 상당한 투자를 하면 기술 격차도 좁혀지고, 대체재 개발에 성공하면 수출길이 완전히 막힐 수도 있다.

그러나 다른 나라의 기술 수준이 어느 정도인지 정확하게 파악하는 일은 대단히 어렵다. 한 나라의 기술 수준은 기초과학과 공학 수준, 그리고 기업이 보유한 첨단기술 역량 등의 종합적인 결과물이기 때문이다. 단기적인 피해가 크더라도 국가적인 역량이 충분하면 비교적 짧은 기간 내에 기술 수준을 높은 수준까지 끌어올릴 수 있다. 수출규제를 결정한 나라에 최악의 상황이 발생할 수도 있는 것이다.

이 때문에 수출규제가 묘수가 될지 악수가 될지는 아무도 모른다. 2019년, 일본이 우리나라를 상대로 수출규제를 가했을 때도 국내 여론이 크게 엇갈렸다. 우리나라 경제가 큰 위기에 처할 것이기 때문에 일본의 요구 조건을 즉각 들어주는 것이 좋다는 전문가들도 있었고, 우리나라가 감당할 수 있는 수준의 수출규제이므로 오히려 이번 일을 일본의 영향력을 낮출 수 있는 기회로 삼을 수 있다고 말한 전문가들도 많았다. 당시 우리나라 정부와 수출규제 관련 대기업들의 판단은 후자에 가까웠다.

따라서 중국을 대상으로 한 미국의 수출규제 역시 향후 어떤 영향을 미치게 될지 예상하기 어렵다. 중국의 기술 수준 및 국가적인 투자 노력 등을 모두 감안해야 결론을 낼 수 있기 때문이다. 분명히 미국은 수출규제를 통해 중국을 압박하는 것이 승산이 있다고 생각했을 것이며, 중국은 총력을 발휘해 이 위기를 극복하려고 할 것이다. 미국의 이 같은 경제 조치는 안보적인 이익을 위해 중국을 장기간 압박하는 것이므로, 이 조치의 결과 역시 어느 정도 시간이 지난 뒤에야 하나씩 나타나기 시작할 것이다.

정리하면 수출규제가 전략이 될지 자폭이 될지를 좌우하는 제일 큰 변수는 규제를 당하는 나라의 기술 수준이며, 그 결과는 수출규제 초반에는 예상하기 어렵고 어느 정도 시간이 지나야 확인할 수 있을 때가 많다. 미국의 수출규제처럼 장기적인 압박 목적일 경우 더욱 그렇다. 다만 가능한 한 빠른 시일 내에 원하는 결과를 얻고자 하는 수출규제는 초반 양국의 전략적인 움직임이 향후 전개에 영향을 줄 수 있다.

노재팬 운동이
나타났다가 사라진 까닭

2022년 하반기부터 검역 과정이 간소화되면서 일본을 방문하는 우리나라 국민의 숫자가 크게 늘어나고 있다. 한국관광공사가 발표한 통계에 따르면, 방일 한국인은 2022년 11월 31만 5천명으로 코로나19 발생 이전인 2019년 11월 20만 5천명 대비 53.8퍼센트 늘어났다.

단 이 통계자료는 좀더 들여다볼 필요가 있다. 2019년 7월, 일본이 우리나라를 상대로 첨단산업 핵심 소재 수출규제를 시행하면서 같은 해 8월부터 12월까지 우리나라 내 반일 감정이 강해져 일본을 방문한 우리나라 국민수가 전년도에 비해 60퍼센트 정도 감소했기 때문이다. 또 2018년 11월 대비 2022년 11월에는 46.3퍼센트로 감소했고, 이는 같은 기간 50.8퍼센트 감소한 베트남 방문객 숫자, 40.4퍼센트 감소한 태국 방문객 숫자와 큰 차이가 나지 않는다.

즉 우리나라 국민들이 일본을 많이 찾기 시작한 것은 엔화 가치가 낮아지면서 일본 관광이 저렴해진 것도 있지만, 2019년에 강하게 일어났던 '노재팬 운동'이 사실상 종료되면서 과거의 관광수요가 회복되고 있는 부분도 상당하다. 그렇다면 2019년에 일어났던 노재팬 운동은 실패한 것일까?

일본의 무역 도발

국가안보와 통상 문제는 상당히 복잡하고 다층적이기에 쉽게 결론을 내리기 어려운 문제이다. 나는 2019년 일본의 무역 도발 직후에 전개된 우리나라 정부의 대응 및 노재팬 운동에 대해서 상당히 긍정적으로 평가한다. 하지만 2022년 이후로 노재팬 운동이 사라진 것도 자연스러운 결과라고 판단한다. 간단하게 설명하면 노재팬 운동은 일본의 무역 도발에 맞서 우리나라 정부·기업·국민이 다 같이 힘을 합쳐 극복하자는 의미가 충분히 있었는데, 현재는 일본도 우리나라 정부의 입장도 달라졌기 때문이다.

먼저 2019년 일본의 대對한국 수출규제 조치를 떠올려보자.

수출규제 조치는 장기적인 관점에서 상대국을 압박하려는 목적일 때도 있고, 단기적인 관점에서는 강한 위협으로 상대국을 굴복시키려는 목적일 때도 있다. 2022년 중국에 대한 반도체 수출규제를 실시한 미국은 전자의 목적이 더 강하고, 2019년 일본이 우리나라에 가한 수출규제 조치는 후자에 가깝다.

당시 일본이 내린 결정은 수출 우대국 명단에서 우리나라를 제한 것으로, 그에 따라 우리나라는 이전에 비해 일본에 수출하는 데 3개월에서 6개월 정도 시간이 더 걸리게 되었다. 이는 수출을 완전히 금지하거나 규제하는 것보다는 강도가 낮은 조치였다. 하지만 우리나라 주요 산업인 반도체 업계에 차질이 생길 수도 있었기 때문에 우리나라 국민들에게 가해진 충격이 상당했고, 일본은 이보다 더 강한 조치도 가능하다는 위협 메시지를 여러 경로를 통해 전하기도 했다.

이 때문에 일본의 이 같은 조치는 우리나라를 단숨에 굴복시키려는 의도가 짙었다고 해석할 수 있다. 일본은 치킨게임과 같은 구도에 양국을 올려놓은 뒤 우리나라를 굴복시키면 일제강점기 징용 피해자 배상 판결 문제도 빠르게 해결할 수 있으니 그런 다음에 수출규제 조치를 철회하면 수출도 빠르게 정상화해 자국의 수출기업 피해를 최소화할 수 있다는 전략적 판단을 내렸을 것이다.

치킨게임을 유리하게 이끄는 방법

치킨게임은 '겁쟁이 게임'이라고도 불린다. 겁쟁이 게임은 도로 양쪽에서 자동차 2대가 서로를 향해 돌진했을 때 먼저 핸들을 틀어서 도망가는 쪽이 지는 게임이다. 만약 둘 다 포기하지 않고 서로 부딪치면 양쪽 모두 큰 피해를 보게 보게 된다. 하지만 양쪽 모두 게임에서 이기고 싶기 때문이 부딪치는 상황은 피하면서 상대방을 굴복시키기 위해 노력한다.

치킨게임에서 반드시 이기는 필승법은 없지만, 상황을 유리하게 만드는 전략적 방법은 몇 가지 있다. 우선, 상대국의 조치를 비난하면서 물러서지 않겠다고 선언하는 것이다. 정치 리더가 강한 메시지를 내다가 갑자기 화합의 메시지를 내면 망신스러운 일이 되고 신뢰도와 국내 지지도가 내려가게 된다. 그러므로 초반부터 강한 메시지를 내는 그 자체가 물러서지 않겠다는 선언의 신빙성을 높여주고, 빠르게 이쪽을 굴복시키려던 상대방 입장을 난처하게 만들 수 있다.

2019년 당시 일본 정부도 우리나라에 대해 강경한 발언을 계속했고 우리나라 정부도 이에 맞대응을 했다. 당시 문재인 대통령은 "우리는 다시는 일본에게 지지 않을 것이다"라고 선언했다. 당시 조국 청와대 민정수석 또한 일본을 향한 강경한 메시지를 SNS에 여러 차례 올리기도 했다. 이 같은 행동은 민족주의를 과도하게 자극한다는 이유로 비난받기도 했지만, 전략적으로 의미가 충분한 발언이었다. 이 방법은 감정적인 호소 이상으로 정치적 의미가 있다. 굴복하지 않겠다는 선언과 같은 효과이기 때문이다.

그다음으로, 상대국에 추가적인 조치를 더 할 수 있다고 위협하거나 다른 실질적인 피해를 주는 것이다. 그런 의미에서 그 당시 우리나라 국민들이 일본 상품 불매운동을 벌인 것은 감정적 행위만이 아니라 국가 차원의 전략을 지원하는 의미를 내포한다. 불매운동이 대중운동으로 확산되면 일본 기업이 피해를 입을 수밖에 없으며, 결국 이러한 피해가 계속되면 일본 정부에 부담이 되기 때문이다. 게다가 일본의 수출규제 조치가 수출을 중단하는 수준은 아니었기 때문에 우리나라가 정부 차원에서 일본 제품 불매운동을 벌이면, 일본에 대해 팃포탯tit for tat(받은 만큼 갚는다)이 아닌 더 큰 보복을 하는 것이 되며 자유무역 원칙을 더욱 크게 위배하는 것이 된다. 하지만 일본의 도발 행위에 대해 민간 차원에서 반대하는 움직임을 벌인다면 그러한 이념적 문제를 피하면서 우리나라 정부와 기업을 지원할 수 있다.

일본의 무역 도발 그 이후

일본의 무역 도발은 성공했을까? 일차적으로는 우리나라의 판정승으로 끝이 났다고 생각한다. 일본은 우리나라를 빠르게 굴복시키려 했으나 그러한 일은 일어나지 않았고, 더 나아가 우리나라 산업 생산에 커다란 차질이 일어나지도 않았다. 왜냐하면 우리나라의 기술 수준이 일본이 예상한 것보다 높아서 핵심 소재 자체 개발, 대체품 개발, 수입 다변화를 빠른 시일 내에 달성했기 때문이다. 그리고 당시 정부의 적절한 판단과, 국민들이 전개한 노재팬 운동도 일정 부분 기여했다.

2019년 이후로 양국의 갈등이 더 심해지지는 않았다. 어느 한쪽이 굴복할 조짐이 없는 상황에서 무역규제 조치를 더 강화해버리면 양국 모두 피해를 입기 때문이었다. 또한 화이트리스트 배제를 포함한 일본의 무역규제 조치는 통관을 어렵게 하는 것이었기에 수개월이 지나면서는 이러한 조치가 희석되는 부분도 있었다.

이 일로 우리나라는 소재 부품 장비 산업의 국산화 및 수입 경로 다변화를 시도해 어느 정도 성과를 얻었다. 수출규제 3대 품목의 일본 의존도는 크게 낮아졌고 소부장 전체 일본 의존도도 2019년 17.1퍼센트에서 2021년 역대 최저 수준인 15.9퍼센트로 낮아졌다. 물론 그 과정에서 우리나라 기업의 생산 비용이 늘어나기도 했지만, 이는 일본이 취할 수 있는 정치적·안보적 도발을 방어하기 위한 리스크 관리 비용이라고 보아야 한다.

코로나19 시기를 지나면서 2021년과 2022년에 일본과 우리나라의 정권이 각각 교체되었다. 우리나라 정부는 중국의 안보 위협에 대응하기 위해 일본과의 관계를 개선하려고 하고 있다. 한일 양국은 미중 관계와 북한 등을 고려했을 때 안보 차원에서 결국 일정 부분 협력해야 하기 때문에 무한정 대립하기 어려운 점도 있다. 또한 그 당시 우리나라의 대응은 일본과의 단교를 각오한 것이 아니라, 일본의 위협적인 분위기 속에서 우리나라 기업들이 불확실성에 놓여 있을 때 국익을 위한 방향으로 버텨내려는 성격이 강했다.

노재팬 운동의 특성 자체가 초반 제일 어려운 시기에 문제 해결 및 악화 방지에 도움을 주기 위한 것이었기에 그 시기를 지나면 그 중요성이 낮아진다. 그러므로 노재팬 운동은 2019년 당시에 충분히 순기능을 발휘했고, 그 이후에 그러한 움직임이 사그라졌다고 해서 실패했다거나 문제가 되는 것은 아니다. 노재팬과 같은 움직임은 일반 기업에 대한 불매운동이 지속적으로 진행될수록 더 큰 힘을 발휘하는 것과는 차이가 있다. 전략적인 움직임이었고 일본의 조치 역시 비교적 단기적인 위협이었기 때문이다.

이 때문에 2022년 하반기부터는 일본행 관광객이 크게 늘어났고, 2023년 상반기에는 일본의 애니메이션 영화들이 우리나라에서 큰 인기를 얻을 수 있었다. 이것은 잘못된 현상이 아니다. 그저 환경의 변화로 국민 상당수가 참여하는 불매운동이 일어나기 어렵게 되었을 뿐이다. 불매운동에 참여할 사람은 참여하되, 불매운동에 참여하지 않는 사람을 공격하거나 탓하지 않는 것이 불매운동의 중요한 조건이기도 하다.

무조건적인 반일을 이야기하면서 일본을 혐오하는 것은 우리나라 국익에 도움이 안 된다. 하지만 2019년 일본의 무역규제 조치는 충분히 잘못된 것이었고, 이에 우리나라는 기업·정부·국민이 모두 현명하게 대응해 좋은 성과를 거두었다. 노재팬 운동은 일본의 무역 도발 특성과 한일 관계의 특수성을 고려했을 때 충분하게 제 역할을 했으며, 그 역할을 다하고 퇴장한 것이다.

기후 위기를 해결하기 어려운
진짜 이유

전 세계적으로 기후 위기가 심각해지고 있다. 탄소 배출이 크게 늘어나면서 지구 온도가 높아지고 이로 인한 기상이변과 많은 피해가 속출하고 있다. 이에 2023년 7월에 안토니우 구테흐스Antonio Guterres UN 사무총장이 "지구온난화global warming는 끝이 났고 이제 지구는 끓는global boiling 수준"이라고 말하기도 했다.

사실 국가 내에서 벌어지는 환경문제들은 여러 국가의 정책적 노력과 시민들의 노력으로 비록 완전하지는 않더라도 어느 정도 개선되었다. 반면 탄소 배출 감축 문제는 전 세계 모든 국가의 공통 과제라는 성격이 강하다. 이에 얽힌 국가들 사이의 이해관계를 살펴보자.

용의자의 딜레마

간단한 모델로 살펴보자. 두 마을이 있고 그 사이에 호수가 자리 잡고 있다. 두 마을 사람들은 이 호수를 식수이자 공업용수로 이용한다. 그런데 호수 물이 그다지 깨끗하지 않아서 두 마을 사람들은 호수 정화 사업을 두고 고민하고 있다. 편의상 두 마을을 A 마을과 B 마을이라고 하자. 호수를 정화하는 데 드는 비용은 30억 원이고, 호수 정화 사업으로 두 마을이 각각 얻을 수 있는 이익은 20억 원이다. 문제는 A 마을과 B 마을은 자기네 마을에 닿는 물만 정화시킬 수 없고, 정화 작업을 시작하면 모든 마을이 다 이익을 본다는 점이다.

먼저 A 마을 혼자 호수 정화 작업을 하게 되면, 비용은 30억 원이 들어가고 이익은 20억 원이다. 아무것도 하지 않으면 손해도 이익도 없지만, 정화 작업을 하게 되면 10억 원을 손해 본다. 두 마을이 협력해 정화 작업을 한다면 비용은 15억 원씩 분담하면 되고, 각각 20억 원씩 이익을 얻을 수 있다. 그 결과 순이익은 5억 원이다. A 마을은 가만히 있고, B 마을이 정화 작업을 하면 A 마을은 그로 인한 이익을 공짜로 얻을 수 있다. 20억 원의 이익이 생기는데, 이 이익은 협력할 때 얻는 이익 5억 원보다 많다.

결론적으로, B 마을이 어떻게 하든지 간에 A 마을은 가만히 있는 것이 이익이다. 뒤집어 생각해도 마찬가지이다. A 마을이 어떻게 하든지 간에 B 마을은 가만히 것이 이익이다. 생각해보면 호수 정화 사업에 30억 원의 비용이 들어가지만, 두 마을 도합 40억 원의 이익이 발생하기 때문에 경제적으로 보았을 때 공동 작업을 하는 것이 가장 좋다. 하지만 두 마을이 각자의 이익만을 고려하면 호수를 정화시킬 수 없다.

이 문제는 '용의자의 딜레마'라고 부르는 유명한 게임이론의 예시와 동일하다. 용의자들의 유무죄를 판결하고 형벌을 부과하는 문제를 환경문제로 바꿨을 뿐 문제의 구성과 양쪽이 처한 상황, 그리고 자신에게 이익이 되는 방향으로의 선택이 나쁜 결과를 가져다주는 원리가 동일하다.

이 예시는 경제주체들이 자신의 이익을 최우선으로 하면 최선의 결과를 도출할 수 없는 경우를 말해준다. 경제학의 기본 원리인 보이지 않는 손을 생각하면 경제주체들이 자신의 이익을 위해 행동할 때 사회 전체적으로 최선의 결과를 가져올 때가 많다. 하지만 독과점이나 외부효과가 발생하면 최선의 결과를 가져올 수 없고, 이때는 정부가 개입해 문제를 개선해야 한다. 마찬가지로 용의자의 딜레마가 발생해도 적절한 선에서 정부가 개입해야 한다. 용의자의 딜레마 문제는 경제학에서 오래되고 유명한 주제이다. 그러다 보니 이 문제의 해결 방안도 여러 가지가 있다. 그렇다면 이 중에서 어떤 방법을 기후 위기 해결과 탄소 배출 절감에 적용할 수 있을까?

용의자의 딜레마를 해결하려면

우선, 제일 간단한 해결 방법은 계약 및 계약을 강제할 공권력이 개입하는 것이다. 예를 들어 도지사나 국가가 개입해서 두 마을 모두 15억 원씩 분담하는 협약을 맺게 하고, 정화 작업에 협력하지 않을 시 20억 원이 넘는 벌금을 강제 부과한다면 두 마을 모두 적극적으로 협력할 것이다. 아무것도 하지 않을 때에 비해 5억 원이라는 이익을 더 얻을 수 있으니 두 마을 모두 계약에 동의할 것이고, 계약을 하고 나면 벌금을 내지 않기 위해 성심성의껏 협력할 것이다.

하지만 이 예시와 달리 국가 간에 환경문제가 발생하면 양국의 충돌을 중재하거나 강제할 국제기구 혹은 국제적인 공권력이 부재하다. 두 마을이 강력한 협약을 맺을 수 있는 것은 협약을 강제할 국가가 존재하고 그로 인해 다른 마을이 정화 작업에 협력할 것이라는 신뢰가 형성되었기 때문이다. 그러나 국가 간에는 서로를 강제할 공권력이 부재하기에 서로를 신뢰하기에도 어려워진다.

그다음으로, 급한 사람이 해결하는 방법이 있다. 예컨대 여러 명이 같이 사는 집의 청소라든가 조별 과제를 떠올리면 이해하기 쉬울 것이다. 이 상황에서는 더러운 것을 제일 참지 못하는 사람이, 학점을 제일 잘 받고 싶은 사람이 총대를 메고 문제를 해결해나갈 것이다. 비록 총대가 일을 제일 많이 하므로 불공정 소지가 있지만, 어쨌거나 청소와 조별 과제 문제는 해결된다.

하지만 많은 사람이 문제와 연관되어 있고 내 노력이 나의 이익이 아닌 그 모든 사람의 이득과 손해로 확산된다면 문제 해결은 더 어려워진다. 앞에서 든 예시에서 호수의 오염도가 심각해 호수 정화 사업을 했을 때 얻을 수 있는 이익이 각각 50억 원이라고 치자. 그러면 A 마을이 혼자 이 사업을 수행해도 얻을 수 있는 이익이 50억 원이 되므로 투자한 비용 30억 원보다 더 커진다. 그 결과 A 마을만 나설 가능성도 생긴다.

그러나 만약 호수에 인접한 마을이 2개가 아니라 10개라고 하면, 호수 정화에 따른 이익이 한 마을당 10억 원으로 줄어들기 때문에 한 마을이 단독으로 30억 원을 투자하기에는 부담이 된다. 또한 10개 마을이 협력해서 30억을 분담하는 것 역시 한 마을이 부담에서 빠지고 남들에게 부담을 전가하려는 유인 때문에 협력이 쉽지 않다.

탄소 배출 역시 전 세계 모든 국가가 짊어져야 하는 문제이다. 미국이 탄소 배출을 크게 줄이더라도 중국이 탄소 배출을 그만큼 크게 늘린다면 이 문제는 해결하지 못한다. 미국이 탄소 배출을 줄임으로써 발생하는 이익은 미국만 받는 것이 아니라 전 세계 모두에게 분산된다. 그러므로 미국 입장에서는 이익이 비용보다 더 커지지 않는 한 탄소 배출 문제를 적극적으로 해결하려 나서기 어렵다. 우리나라처럼 상대적으로 규모가 작은 나라가 주도적으로 나서기에는 더욱 어려운 상황이다.

문제의 경험과 반복도, 국가들 사이의 신뢰 확보도 어렵다

용의자의 딜레마 문제를 해결할 수 있는 또 다른 방법으로 '반복'이 있다. 독과점 기업의 담합 문제도 용의자의 딜레마 문제와 같은 구조를 갖고 있는데, 기업들은 담합을 통해 더 큰 이익을 얻는 일을 일정 기간 계속하면서 서로 신뢰를 쌓을 수 있고 이탈한 기업에는 경제적 제재를 가할 수 있으므로 오랫동안 협력관계를 유지해나갈 수 있다.

하지만 탄소 배출로 인한 기후 위기는 시대마다 되풀이되던 문제가 아니라 인류가 지구에 출현한 이래 처음으로 겪는 문제이다. 그래서인지 기후 위기로 인한 피해와 문제의 심각성을 체감하지 못하거나 간과하는 사람들이 많은 듯하다. 문제를 경험한다면 다음에는 실수하지 말자면서 협력할 수 있지만 이 문제는 그렇지 못하다.

국가 내의 다른 환경문제는 상대적으로 해결하기 쉽다. 수질이 오염되거나 폐기물이 많아지면 정부에서 원인을 파악해 직접 해결할 수도 있고, 어떤 문제는 피해를 경험한 소수의 국가들이 협력해 해결할 수도 있다. 기술적인 발전을 통해 문제를 해결할 수도 있다.

그러나 탄소 배출 증가로 인한 지구 온도 상승이 가져오는 환경문제는 파멸적인 결과가 예상되는 데도 많은 국가 간의 협력을 이끌어내는 게 쉽지 않다. 한 국가가 주도적으로 나서기도 어렵고 그것만으로 문제를 해결하기도 어렵다. 게다가 이 문제는 자국 국민들의 동의를 받는 것도 어렵다.

그렇다면 최선의 대안은 무엇일까? 기후 위기에 대해 경각심이 높은 선진국들을 중심으로 국가 간 협력을 강화하고, 기후 위기에 대처하지 못하는 국가와 기업 들에게 당근과 채찍을 모두 사용하면서 연대를 더욱 넓혀 나가야 하며, 국가 내부도 국민들을 설득하고 모든 정당이 문제의식을 공유할 수 있도록 해야 한다. 친환경 및 저탄소 기술에 대한 투자도 지속되어야 한다.

안타깝게도 현재로서는 명쾌한 해결책이 없다. 만약 그러한 것이 있었다면 기후 위기 문제를 해결하기 위해 많은 나라가 어렵지 않게 힘을 합쳤을 것이다. 반대로 이야기하면 그만큼 이 문제를 해결하기 어렵다는 반증이기도 하다. 그럼에도 전 세계는 이 문제를 해결하기 위해 꾸준히 노력해야 한다.

전 세계를 지탱하는 경제체제는 여전히 시장경제체제이고, 더 소비하고 싶고 더 많은 혜택을 누리고 싶은 사람들의 욕망을 어느 정도 조절할 수는 있겠으나 완전히 막을 수는 없다. 시장경제를 부정하고 경제발전을 부정하는 것보다는 국가 차원에서의 협력을 강화하는 것이 더 가능성이 높고 효과도 크게 기대할 수 있는 방안일 것이다.

인도네시아가
한국 경제를 추월할 수 있을까

2022년 12월 6일, 투자은행 골드만삭스Goldman Sachs가 「The Path to 2075」라는 보고서를 공개했다. 이 보고서는 2075년까지 전 세계 국가들의 경제성장에 대한 예측을 담고 있다. 2001년에 'BRICS'라는 용어를 처음 만들어내고, 두 차례에 걸쳐 2050년까지의 경제전망을 했던 골드만삭스가 11년 만에 새로운 내용을 업데이트하고 2075년까지의 경제전망을 확장한 것이었다.

그런데 이 보고서가 우리나라에서는 다른 부분 때문에 화제가 되었다. 우리나라 경제가 2050년에 인도네시아와 나이지리아

등에 추월당하고, 2075년에는 필리핀에도 추월당하는 내용이었
다. 더 자세히 말하면 우리나라 경제가 2030년에 인도네시아에
추월당하고, 2050년에는 나이지리아, 이집트, 파키스탄의 경제
규모가 우리나라를 넘어서며, 2060년에는 방글라데시와 필리핀
이 우리나라 경제를 추월한다는 것이다. 우리나라 경제에 큰 위
기라도 일어나려는 것일까.

1인 생활수준 × 국민 인구 숫자

이 의문은 골드만삭스 보고서에 있는 다른 내용을 보면 풀린
다. 이 보고서에 따르면, 2030년에 1인당 GDP를 기준으로 우리
나라가 일본을 7퍼센트 정도 앞서는 것으로, 2040년에는 10퍼
센트 넘는 격차를 나타낼 것으로 예측한다. 게다가 2030년을 지
나면 우리나라 1인당 GDP는 이탈리아를 추월하며, 2050년에
는 프랑스에 매우 근접하는 것으로 전망한다.

그렇다면 똑같은 보고서인데도 이 같은 차이가 나타나는 이
유는 무엇일까? 전자는 '국가의 경제 규모'이고, 후자는 '1인당
GDP'이기 때문이다. 그리고 이 둘의 차이를 가르는 요인은 '국가
의 국민 숫자', 즉 인구수이다. 국가 전체 GDP를 인구수로 나누면
1인당 GDP가 되므로, 다르게 생각하면 국가의 경제력=인구×국
민 1인의 평균적 생활수준이 된다.

현재 우리나라의 출생율은 매우 낮고 인구도 감소할 것으로 예측되므로, 이것이 국민의 생활수준과 국가의 경제 규모 모두에 복잡한 영향을 미친다. 그러니 우리나라 경제는 국민 1명의 생활수준 기준으로는 상당한 성장을 기록하지만 국가의 경제 규모로는 성장에 한계가 많을 수밖에 없다. 2023년 기준으로 우리나라 인구수는 약 5천 1백만 명이고, 일본의 인구수는 대략 1억 2천만 명을 넘으며, 인도네시아의 인구수는 약 2억 7천만 명을 넘는다. 다시 말해 우리나라 1인당 GDP가 더 높아지더라도 국가 전체의 총생산은 추월당할 가능성이 높은 이유는 인구수에서 격차가 워낙 크기 때문이다.

개발도상국의 경제성장이 좀더 쉬운 이유

골드만삭스 보고서에서 가장 주시하는 부분은 '개발도상국들이 경제성장을 달성할 수 있는지'이다. 일반적으로 개발도상국들은 선진국들보다 경제성장률이 높으며, 특히 정치적 안정을 꾀하고 시장경제와 세계화를 받아들이면 상당히 높은 경제성장률을 기록한다. 쉽게 설명하면 40점을 맞던 학생이 60점으로 점수를 올리는 것이 85점 맞는 학생이 90점으로 점수를 올리는 것보다 쉬운 것과 비슷하다. 성적이 낮은 학생의 경우 학업에 집중하기 힘들게 만드는 특정한 요인이 있으면 그 문제를 해결해주고 공부에 집중할 수 있는 환경을 제공해주면 성적이 금세 올라간다. 이 원리는 개발도상국 경제성장에도 그대로 적용된다.

2000년부터 2020년까지의 경제성장을 살펴보면 선진국으로 분류되는 국가들의 경제성장률은 대부분 전 세계 평균보다 낮았다. 그 반면 많은 개발도상국이 선진국보다 높은 수준의 경제성장률을 보였으며, 중동과 아프리카의 국가들도 전 세계 평균보다 높은 경제성장률을 기록했다. 2010년 이후로는 동남아시아 국가들이 높은 경제성장률을 보이고 있다. 즉 개발도상국이 선진국보다 경제성장률이 높은 것은 자연스러우며, 일정한 환경이 갖추어지면 개발도상국 중에서 급성장하는 국가들이 나올 수 있다.

물론 국가들마다 경제성장의 정도는 상당한 차이가 나는데, BRICS 국가들 중에서 브라질과 러시아의 경제성장은 크게 지체된 반면 인도와 중국의 경제성장은 높은 수준이다. 경제성장에 영향을 주는 요소가 매우 많고 다양하기 때문에 그것들을 간단하게 설명하기는 어렵다. 하지만 오랫동안 경제성장을 하지 못하다가 2000년 이후 급성장한 중국의 사례를 보면, 시장경제체제를 받아들이고 세계화를 통해 국제무역과 국제분업을 시작한 것이 경제성장의 상당한 원동력이 되었다는 것을 알 수 있다.

이는 우리나라와 북한의 경제성장 결과가 완전히 달라진 주원인이기도 하다. 우리나라가 경제성장을 할 수 있었던 동인動因으로 문화적 요인, 높은 교육열, 국민성 등을 꼽기도 하지만, 같은 역사적·문화적 배경을 공유한 북한은 경제성장에 실패했기 때문에 그러한 요인만으로 우리나라의 경제성장을 설명하기에는 한계가 있다. 우리나라와 북한의 결정적 차이는 시장경제와 세계화, 국제무역에 있다.

다만 전 세계 대다수의 국가가 시장경제를 받아들였지만 아직 세계화를 받아들인 정도는 국가들마다 차이가 있으며, 정치적인 안정, 재산권의 보장, 민주주의 등과 같은 요소 역시 국가들마다 수용 정도가 상당히 다르기 때문에 인구수가 많은 개발도상국들이 꾸준하게 경제성장을 하게 될지는 단언하기 어렵다.

골드만삭스는 2050년의 경제규모 순위를 중국이 1위, 미국이 2위, 인도가 3위, 그리고 인도네시아가 독일을 제치고 4위까지 오른다고 예상했다. 그 외에 2075년까지 높은 성장을 전망한 국가들은 모두 인구수가 많은 나라들이었다(2023년 인구수를 기준으로 파키스탄은 5위, 나이지리아는 7위이다). 인구수가 많은 국가들의 경제성장에 대해 비교적 긍정적인 것이다.

그러나 2011년 보고서에서 중국이 미국 경제를 2026년에 추월한다고 했지만, 이번 보고서에서 2035년에 추월하는 것으로 조정했다. 골드만삭스가 자신들의 분석이 틀렸음을 인정한 셈이다. 경제는 원래 단기적인 예측도 어렵지만 장기적인 예측도 대단히 어렵다. 그렇다면 골드만삭스의 이번 분석은 맞을까?

이번에도 완전히 들어맞지는 않을 것 같다. 미국과 중국의 대립으로 세계화의 흐름이 약해지는 것도 개발도상국들에 악영향을 줄 것이며, 개발도상국들이 모두 정치적 안정과 민주주의를 꾀할 것으로 예상하는 것도 비현실적이기 때문이다. 하지만 인구수가 많은 개발도상국들이 경제성장을 이룩하는 것은 그만큼 절대적 빈곤을 경험하고 있는 세계 인구수가 감소한다는 뜻이 되니, 나의 예상과는 별개로 많은 국가가 경제성장을 달성해 많은 세계시민이 더 나은 생활을 영유할 수 있기를 바란다.

끝으로 우리나라의 경제 상황을 다시 생각해보자. 골드만삭스 보고서에 따르면, 우리나라 경제가 크게 망하는 것은 아니며 국민들은 높은 생활수준을 누리지만 국력은 약화될 것이라 한다. 그렇다면 이 중에서 무엇이 더 중요할까? 이에 대한 생각은 저마다 다르겠지만, 내가 볼 때 우리나라는 국토의 면적이 협소한 데다 인구 수용 가능 지역도 많지 않다. 따라서 우리나라가 세계적 강국이 되는 데 한계가 있을 수밖에 없다. 즉 더 중요한 것은 국민들의 생활수준이다.

그러나 국토 면적에 비해 인구수가 많다는 점은 인정하지만 그렇다고 하더라도 현재의 출생율 저하는 너무 심각한 수준이다. 인구가 서서히 감소한다면 좀더 쾌적하고 살기 좋은 환경이 조성되는 데 도움이 될 수 있지만, 인구가 급격히 감소하면 국방과 치안 문제, 국민연금 문제 등 사회 곳곳에 상당한 충격을 주게 된다. 그러므로 근본적이고 국가적인 대응은 필수적이다. 출생율을 높이기 위한 다양한 정책이 마련되어야 하며, 외국 사람들을 받아들여 함께 살아가기 위한 노력도 필요하다. 외국 사람들을 어떻게 부려 먹을지 궁리하지만 말고, 세계시민으로 살아가면서 차별 없이 외국인들을 바라볼 필요가 있다.

대런 애쓰모글루·데이비드 레입슨·존 리스트, 손광락·권남훈·김원중·박경로·정 태훈·홍인기 옮김, 『경제학원론』, 시그마프레스, 2016.

댄 애리얼리, 장석훈 옮김, 『상식 밖의 경제학』, 청림출판, 2008.

앨릭스 코브, 정지인 옮김, 『우울할 땐 뇌 과학』, 심심, 2018.

김민기·김준석, 「국내 개인투자자의 행태적 편의와 거래행태」, 『자본시장연구원』, 2022.

김영귀·남시훈·금혜윤·김낙년, 「대외개방이 국내 분배구조에 미치는 영향」, 『대 외경제정책연구원』, 2017.

황세운, 「실리콘밸리은행(SVB) 파산이 국내 금융시장에 미치는 영향 및 시사점」, 『자본시장포커스』, 2023.

Charles I Jones, 「The Facts of Economic Growth」, 『Handbook of Macroeconomics』, Vol. 2A, 3-69, 2016.

David Argente & Munseob Lee, 「Cost of Living Inequality during the Great Recession」, 『Journal of European Economic Association』, 2021.

Helliwell, J. F., Layard, R., Sachs, J. D., Aknin, L. B., De Neve, J.-E., & Wang, S. (Eds.). (2023). World Happiness Report 2023 (11th ed.). Sustainable Development Solutions Network.

Richard M. Alston,&J. R. Kearl&Michael B. Vaughn, 「Is There Consensus among Economists in the 1990s?」, 『American Economic Review』, (May 1992): pp. 203~209.

Rimfeld, Kaili&Kovas, Yulia&Dale, Philip&Plomin, Robert, 「True Grit and Genetics: Predicting Academic Achievement From Personality」, 『Journal of personality and social psychology』. 111, no. 5, 2016.

Shin, Hyun Song, 「Global Value Chains under the Shadow of Covid」, presentation at the Columbia University CFM-PER Alternative Data Initiative virtual seminar, February 16, 2023.

Yeh, Chen, Claudia Macaluso, and Brad Hershbein, 「Monopsony in the US Labor Market」, 『American Economic Review』, 112 (7): pp. 2099-2138, 2022.

Xavier Jaravel, 「Inflation Inequality: Measurement, Causes, and Policy Implications」, 『Annual Review of Economics』,13(1), pp. 599-629, 2021.

강영훈, 「배터리 1개 화재에 전체 '셧다운'…비상전원장치도 무용지물(종합)」, 『연합뉴스』, 2022년 10월 17일.

권순우, 「[MTN현장+]"반도체 소재 대체 두달이면 된다. 여름 휴가를 못가는 게 아쉬울 뿐」, 『머니투데이』, 2019년 7월 30일.

권혜진, 「일본 수출 규제 2년만에 '소부장' 핵심품목 대일 의존도 급감」, 『연합뉴스』, 2022년 2월 28일.

김동규, 「[택시 왜안잡혀] ③머리싸맨 정부 "도로로 유인할 해법 곧 나온다"(끝)」, 『연합뉴스』, 2022년 9월 21일.

김성기, 「2월 무역수지 – 53억달러…1년째 적자[그래픽뉴스]」, 『CBS 노컷뉴스』, 2023년 3월 2일.

김솔, 「초전도체주 폭락에 "죽창 들자" 업체 협박글…잡고보니 공무원」, 『연합뉴스』, 2023년 8월 22일.

김신회, 「[익스플레인]美경기침체 논란 가열… 'NBER는 알고 있다'」, 『비즈니스플러스』, 2022년 7월 29일.

김양희, 「[열린세상] '상호의존성의 무기화'와 '탈동조화', 한일 분쟁의 승자는?」, 『서울신문』, 2020년 8월 4일.

김예나, 「6월부터 마스크 5부제 안 한다…18세 이하 구매수량은 3→5개로」, 『연합뉴스』, 2020년 5월 29일.

김재현, 「분산투자가 최고? "5개 종목에 집중하라" 버핏의 조언 [김재현의 투자대가 읽기]」, 『머니투데이』, 2022년 6월 4일.

김지성·김지현·최지은, 「요금 오르면 뭐 해 손님이 없는데…택시기사들 한숨 푹

푹」, 『머니투데이』, 2023년 2월 28일.

김태종, 「실리콘밸리은행 옛 모기업, 파산보호 신청…2008년 후 최대 규모(종합2
보)」, 『매일경제』, 2023년 3월 17일.

김형구, 「美 비상조치 "SVB 예금 전액보증"…바이든, 오늘 대국민 연설」, 『중앙일
보』, 2023년 3월 13일.

김희래, 「'치느님' 가격이 조작이었다니…16개 육계 담합업체 과징금 1758억」, 『매
일경제』, 2022년 3월 16일.

남시훈, 「일본, 손해 보더라도 의지 관철하겠다는 신호」, 『이코노미조선』, 2019년
7월 13일.

문희철, 「[단독] "선거 겨냥한 아베 강경책? 천만에, 日보복 이제 시작"」, 『중앙일
보』, 2019년 7월 2일.

민상식, 「[TAPAS] 홈트가 헬스클럽보다 돈 적게 들까」, 『헤럴드경제』, 2018년 3월
30일.

박성민, 「CJ CGV, 관객수 회복에 2분기 '흑자전환'」, 『딜사이트』, 2023년 7월 20일.

박성윤, 「PS 탈락했지만, 피렐라 재계약은 '신의 한수'…진짜는 디테일에 있다」,
『스포티비뉴스』, 2022년 10월 5일.

박태진, 「'대한민국 1호 영업사원' 尹…美도착 이틀만에 5.8조 투자유치」, 『이데일리』,
2023년 4월 26일.

변지철, 「노벨상 바네르지 교수 "한국, 기본소득 틀에 갇히지 말아야"(종합)」, 『연합
뉴스』, 2021년 6월 24일.

신정원, 「뉴욕증시, 견조한 고용지표에 급락 마감…나스닥 3.8%↓」, 『뉴시스』,
2022년 10월 8일.

신현보, 「"3조 투자가 자랑?" 비판했는데…넷플 "누적 투자금의 2배"」, 『한국경제』,
2023년 4월 28일.

오승주, 「돌풍 '허니버터칩' 인터뷰 "잘나갈때 증산 왜 안하냐구요?"」, 『머니투데
이』, 2014년 11월 17일.

유주희·팀지구용, 「'우영우' 이후…오히려 돌고래들이 위험하다 [지구용]」, 『서울
경제』, 2022년 9월 3일.

이규선, 「[실물 금융 괴리] 실효환율로 본 원화 저평가 해소…수출 영향은」, 『연합
인포맥스』, 2023년 2월 8일.

이다겸, 「예산시장 뜨니 숙박비 2배 '껑충'…백종원 "욕심 내려놓자"」, 『매일경제』,
2023년 3월 9일.

이미나, 「"치즈볼 왜 꼭 시켜야하죠?" 교촌치킨 무리한 끼워팔기 '눈살'」, 『한국경

제』, 2023년 3월 27일.

이병문, 「택시요금 인상 후 개인택시 대당 수입 4.9% 증가」,『교통경제』, 2023년 3월 28일.

이상헌, 「시장에 맡겨야 한다는 모호한 말 [이상헌의 바깥길]」,『한겨레』, 2023년 6월 6일.

이슬기, 「[줌인] 코로나 6개월 美, '화장지 대란' 계속되는 이유」,『조선비즈』, 2020년 9월 14일.

이승미, 「여름 극장가 '빅4' 기대 이하 성적, 왜?」,『스포츠동아』, 2022년 8월 26일.

이승호, 「바이든, 中반도체 고사작전 돌입⋯발끈한 中 "美 이성 잃었다"」,『중앙일보』, 2022년 10월 9일.

이완, 「문 대통령 "우리는 다시는 일본에게 지지 않을 것」,『한겨레』, 2019년 8월 2일.

이완, 「조국 수석, 동학농민혁명 '죽창가' SNS에 올려」,『한겨레』, 2019년 7월 14일.

이윤주, 「이창용 "재정·통화만 바라보면 나라 망하는 지름길⋯구조개혁 시급"」, 『경향신문』, 2023년 5월 25일.

이지혜, 「"국채 안 찍고 세수 줄이고 공약 다 지키겠다는 정부⋯믿을 수 없다"」,『한겨레』, 2022년 7월 26일.

임선영·문상혁, 「"온난화 끝⋯지구는 이제 끓고 있다" 유엔 사무총장의 경고」,『중앙일보』, 2023년 7월 28일.

임성호, 「3년 끈 대한항공–아시아나 합병 향배는⋯EU집행위에 쏠리는 눈」,『연합뉴스』, 2023년 10월 2일.

정세희, 「"삼립 사장님도 못 구합니다" 포켓몬빵 마케터의 웃픈 고백 [비크닉]」,『중앙일보』, 2022년 4월 12일.

정원식·박효재, 「대통령 관저까지 밀려든 반정부 시위대⋯스리랑카 대통령, 총리 전격 사임」,『경향신문』, 2022년 7월 10일.

정의길, 「2023년에 글로벌 최저법인세 시행' 130개국 합의」,『한겨레』, 2021년 7월 2일.

조소진, 「30% 비싼 bhc 전용유, "다른 고올레산 해바라기유와 99.9% 차이 없다"」,『한국일보』, 2022년 2월 16일.

조영탁, 「매몰비용과 심리학」,『서울아산병원』.

한경닷컴 산업경제팀, 「꼬꼬면에 무슨 일이?⋯3개월 만에 매출 76% '뚝'」,『한국경제신문』, 2012년 3월 4일.

한경진, 「치킨집 주인 600원 남길 때, 당당치킨 800원 남긴다 [라인업]」,『조선일보』, 2022년 8월 19일.

한지훈, 「안철수 "4대기업 피같은 44조 투자, 요란한 빈수레와 맞바꿔"」, 『연합뉴스』, 2021년 5월 24일.

황인솔, 「'백종원 효과' 방문객 폭발한 예산시장 긴급 휴장, 왜?」, 『한겨레』, 2023년 2월 22일.

KDI 경제정보센터   data.oecd.org

kentclarkcenter.org

KIEP 대외경제정책연구원   kiep.go.kr

MBC 뉴스   imnews.imbc.com

OECD   oecd.org

SBS 뉴스   news.sbs.co.kr

YTN 뉴스   ytn.co.kr

골드만삭스   goldmansachs.com

공정거래위원회   ftc.go.kr

김창환 교수 블로그   sovidence.tistory.com

네이버나우   youtube.com/@navernow

노벨위원회   nobelpeaceprize.org

뉴욕타임스   nytimes.com

대한민국 정책브리핑   korea.kr

미국경제학회   aeaweb.org

백악관   whitehouse.gov

백종원 유튜브   youtube.com/@paik_jongwon

산업통상자원부   motie.go.kr

서울특별시 누리집   seoul.go.kr

세계불평등데이터베이스   wid.world

세인트루이스 연방준비은행   fred.stlouisfed.org

외교부   mofa.go.kr

월드뱅크   worldbank.org

이코노미스트   economist.com

한국관광 데이터랩   datalab.visitkorea.or.kr

한국은행   bok.or.kr

현명한 선택을 위한
가장 쉬운 경제학

ⓒ 남시훈, 2023

초판 1쇄 2023년 12월 18일 찍음
초판 1쇄 2023년 12월 26일 펴냄

지은이 | 남시훈
펴낸이 | 강준우
기획·편집 | 박상문, 김슬기
디자인 | 최진영
마케팅 | 이태준
인쇄·제본 | 지경사문화

펴낸곳 | 인물과사상사
출판등록 | 제17-204호 1998년 3월 11일

주소 | (04037) 서울시 마포구 양화로7길 6-16 서교제일빌딩 3층
전화 | 02-325-6364
팩스 | 02-474-1413

www.inmul.co.kr | insa@inmul.co.kr

ISBN 978-89-5906-735-0 03320

값 17,000원